U0100520

大展好書　好書大展
品嘗好書　冠群可期

大展好書　好書大展
品嘗好書　冠群可期

太極

養生增氣功 與 散手

陳式太極拳 ⑫

王西安・閻素杰 著

大展出版社有限公司

1988年王西安首次將太極拳帶到歐洲

2005年8月王西安在法國默里翁市講學

王西安在義大利授拳

王西安於2013年受河南省武術管理中心邀請赴
新鄉教授推手,學員達350人

2010年王西安赴法國海外省留尼旺島授拳

2010年王西安在日本授拳

2010年7月王西安在西班牙授拳

2011年8月王西安新架二路提高班結業照片

序 言

經過近兩年的撰稿配圖並反覆校對修改，凝聚恩師王西安大師多年心血的《太極養生增氣功與散手》一書終於出版了。這是王西安大師繼《陳式太極拳老架》、《陳式太極拳老架技擊秘訣》、《陳式太極拳推手技法》、《陳式太極拳新架一路》、《陳式太極拳新架二路及單刀單劍》之後傾力創作的又一部太極拳理論著作，也是恩師拳悟的結晶。能為恩師的著作作序，乃是我一生的榮耀與自豪。

《太極養生增氣功與散手》一書敘述言簡意賅，配圖招式清晰精準，書中套路皆是恩師早年得先輩真傳及經數十載參悟總結而成。其散手套路具有鮮明的實戰技擊之特點，養生增氣功對養氣舒氣更是促進有加，長期以來深為國內外學員所推崇。

本書是恩師一生所得所悟太極拳散手擒拿技法和養生的集大成，可謂我輩及太極拳愛好者學習散手技法和養生的珍藏典籍。

恩師這些年勤於筆耕，著作不斷推出，每每看

到恩師習拳之餘伏案寫稿，苦思冥想，再三斟酌用句，為使某個動作配圖到位而一遍遍要求弟子申思配合拍攝動作圖片的場面，就讓我蕭然起敬。恩師無論是為人處事還是傳拳寫書，皆認真嚴謹，唯恐負人，其人品與拳品，都堪稱我輩學習的典範。

從 1999 年起，我開始師從恩師習拳。因為勤奮努力，深得恩師信任，多年來一直跟隨恩師左右，也因此改變了我多病的體質，繼而改變了我的命運。能與太極拳結緣、與恩師結識，是我這一生最為驕傲與感恩之事。

這些年，從恩師習拳，聽其講拳，隨其授拳，不僅是一種學習與增智，更是一種思想薰陶與功夫積澱。尤其是這些年來，同恩師一起向海內外的太極拳愛好者授拳，跟隨恩師遍訪國內 20 多個省市並出訪 10 多個國家，所到之處，都能感受到國內外太極拳愛好者對他的仰慕。

恩師一顆積極樂觀、豁達開朗、真實瀟脫的心靈造就了特有的王西安拳法之風，恩師飄逸不羈的個性、純淨明澈的靈魂更使他得到全世界無數太極拳愛好者的尊敬和愛戴。

所以，《太極養生增氣功與散手》一書出版前後，自己一直全程參與各個環節的工作，合力與恩師完成此書的編寫任務。如今合卷冥思，心緒難平，想

起恩師教導，不敢須臾懈怠。在太極拳風靡世界的今
天，真誠地祝願恩師安康幸福，桃李遍天下，為弘揚
與發展太極拳事業做出更大的貢獻。

閻素杰

自 序

　　中國進入復興時代，經濟高歌猛進，世象歌舞昇平。隨著物質的日益豐富和生活水準的提高，以及人們自我保健意識的覺醒，養生日漸進入人們的生活，琳琅滿目的養生產品相繼被開發出來，以滿足社會的需求。

　　太極拳作為中國傳統文化的一大精髓，具有祛病強身、延年益壽的特殊功效。近些年來，它的保健養生功能被人們所認識，皆因其超於一般保健品的獨特養生作用。習練太極的人愈來愈多，遍佈神州內外。

　　然而，太極拳博大精深，習練者畢生不能盡知，愈學愈覺太極拳之深奧和自己之淺薄。單就太極拳來說，其養生方法因內容不同而分類眾多。對於那些追求養生功用的習練者來說，如何走捷徑，避走彎路，尤為重要。

　　本書第二章主要從增氣功方面介紹太極拳的養生之道。當今國內外太極拳愛好者，都希望能有一種

強身健體、增強內氣、延緩衰老的方法，本書就是為此類讀者釋疑解惑的。

本書是筆者的經驗之談，十多年來經過國內外眾多演練者的實踐，被證明確實有效。學習此法者，凡能正確運用，且持之以恆，身體皆可由弱至強，強者更強，身心俱佳，達到袪病強身的目的。此法之行，可增強體質，促使身體系統內氣快捷生成，使先天後天之氣陰陽融洽和諧。

本書融通古今，整個套路集陳式太極拳老架、小架、新架，楊式太極拳、氣功及筆者多年來的心得體會和實踐經驗之大成，精心編撰，融為一體。整個套路舒展大方，「陰陽開合」、「虛實轉換」都是建立在「意在拳先」、「心想」、「神往」、「形隨」的基礎上，做到有的放矢。久練氣血暢通，體質則可變得柔韌而堅實。

隨著太極拳日漸被世人接納，書店裡的太極拳教材和光碟比比皆是，諸如拳論、套路之類，然而太極散手方面的著作卻鳳毛麟角。風靡冷兵器時代的太極散手，似乎日漸被人們淡忘了。

太極散手是陳式太極拳的重要組成部分，是衡量一個太極拳手實戰技擊能力的標準，是太極拳修煉者進入高水準之後所需踐行的真實對抗訓練。一言以蔽之，太極散手體現了太極功夫的制敵功能。

　　然而，隨著時代的變遷，特別是火器發明之後，人們逐漸轉變了太極拳的武術理念，強調健康為主，技擊為輔。這樣，強調技擊之術的太極散手從波峰跌入波谷。

　　曾有專家擔憂，失去技擊作用的太極拳將會走向沒落。儘管這種說法可能是危言聳聽，或者言過其實，但也從側面反映了太極散手的重要意義。如今，國內外的一些有識之士，在挖掘整理太極散手資料的同時，呼籲拯救日漸沒落的太極散手。

　　誠然，當今之社會，不苛求太極拳愛好者皆成為太極大師，但是對於一名渴望在太極之路上遠行的人來說，太極散手是他們無法回避和繞過的部分。也正是這一批人，將成為傳承太極拳的中堅力量。

　　遙想當年，在太極拳發源地陳家溝，太極散手是村民的必修之課，村民習練太極散手的場面蔚為壯觀。在長期的傳承之中，一些有關太極散手的經驗沉澱下來，形成文字。然而，在戰火紛飛的年代，一些珍貴的太極散手資料毀於兵燹之中。

　　值得一提的是，20世紀70年代初，陳家溝大隊曾邀請陳式太極拳第18世傳人陳照奎先生回鄉教拳。陳照奎先生對太極散手一直是口授練習，從肩、肘、胯、靠到閃戰、擒拿、摔跌、鉤等，千姿百態，應有盡有，皆是實戰動作。

　　作為陳照奎先生的入門弟子，筆者曾在大雪紛飛的臘月裡，光著上身穿著短褲，在房間裡與大師一起練習散手，汗流浹背。經過「千錘百煉」，方能應用自如。雖然太極散手繁雜，但在陳照奎先生的傳授之下，且透過筆者多年的演練實踐及創新，對套路的結構又進行了精心安排，使之既有實用價值，又有表演觀賞性。

　　本書是筆者入道太極幾十年以來，對太極養生增氣功與太極散手的一個總結。如果能對讀者學習太極拳養生增氣功與散手有所幫助，筆者將深感欣慰。因筆者水準有限，加上時間緊迫，書中若有不盡如人意之處，望廣大讀者朋友多提寶貴意見。

　　本書在編寫、校對和出版過程中，得到表妹李利清的大力幫助，弟子田華、張海成為本書出版做出了特殊貢獻，弟子申思為出版本書配合拍攝動作照片，在此一併致謝。

王西安
於河南溫縣陳家溝

目　錄

序　言 ·· 7

自　序 ·· 11

第一章　概　述 ·· 17

　一、陳氏始祖歷史推源 ·································· 18

　二、陳家溝歷史推源 ····································· 26

　三、陳式太極拳的起源 ································· 28

　四、陳式太極拳的理論來源 ························· 30

　五、陳式太極拳發展簡史及其演變 ············ 36

第二章　太極養生增氣功圖解 ····················· 43

　一、太極養生增氣功動作名稱 ·················· 44

　二、關於太極養生增氣功圖解的幾點說明 ··· 45

　三、太極養生增氣功動作說明 ··················· 46

第三章　太極拳散手圖解 ·······························151

一、太極拳散手動作名稱 ························152

二、關於太極拳散手圖解的幾點說明 ·········153

三、太極拳散手動作說明 ·······················154

作者履歷 ···253

第一章

概　述

一、陳氏始祖歷史推源

陳家溝陳氏始祖陳卜，於明洪武五年（1372年）遷居河南懷慶府，至今已有600餘年歷史。關於陳卜的歷史淵源，大家各執己見，眾說紛紜。到底他原籍在哪裡、家鄉在何處，一直是個未解的謎團。

據陳氏家譜記載：始祖陳公諱卜，於明洪武五年由原籍山西省澤州府東土河村攜眷避遷洪洞。先是明元逐鹿中原時期，明太祖屢戰懷慶不下，定鼎後曾血洗懷慶，人煙幾乎絕滅，繼遷晉民填補。故我始祖在避遷中，又由洪洞被迫遷至沁陽東南三十里之野，結廬居也。始祖為人忠厚，兼精拳藝，頗受時人所推崇，而以其名命其居處曰陳卜莊，住二年又全家遷居溫縣城東十里之常陽村。後因人丁繁衍，村名易為陳家溝。

《陳式太極拳圖畫講義》（陳鑫著）中有一段敘述道：我陳氏自陳國支流山左派，衍河南始於河內，而卜居繼於蘇封定宅，明洪武七年（1374年）始祖諱卜，耕讀之餘，而以陰陽運轉周身者，教子孫以消化飲食之法理根太極，故名曰「太極拳」（中華民國二十二年四月初版）。

《陳氏太極拳匯宗》（陳照丕著）自序中有一段道：明洪武七年，余始祖卜，由山西洪洞縣大槐樹遷居河南溫縣常陽村。因我族生嗣繁衍，遂以陳家溝易名；西距城十里；背負一嶺，名為清風嶺。當時內匪匪類甚多，擾劫村民，官兵莫敢捕。余始祖以夙精太極拳，慨然奮起（中華民國二十四年十月初版）。

《陳氏世傳太拳術》（陳子明著）自序中有一段道：自我九世祖王廷公創始太極拳術，下逮子明，已及八世，其間名手輩出（中華民國二十一年十二月三十日初版）。書中未曾提到始祖之詞。

在《太極拳源流考》中唐範生略提到陳卜，其意說陳卜不是太極拳創始人，創始人應該是陳王廷。

1986年前，我在翻閱陳鑫著的《陳式太極拳圖畫講義》（手抄本，中華民國五年八月中秋五日品三）時，看到自序中有一段「始祖陳公諱卜，山西晉城澤州郡東土河村」。

當時看過之後，我又細心地查閱了陳氏前輩的所有資料，所述各有不同。有的說「澤州郡」，有的說「澤州府」；有的說「東土村」，有的說「東土河」；有的說陳卜時期人們就會練太極拳，有的說陳王廷創始太極拳。此處先不論誰是創始人，且

說看過陳鑫手抄稿之後，每當想起總是有點含糊，總想弄個究竟。由於工作忙碌，一晃數年已過。

1998年秋，我與閻素杰、張保忠、張豆豆四人前往山西考察。一路上翻山越嶺，穿溝爬坡，經過幾天的尋找，終於在第三天找到了東土河村。我們先找到村支書郭智慧先生，講明來意後，他對我們的工作非常支持。

他笑著說道：「走，我領你們去見一個人，他是我們村的老幹部，對歷朝歷代最清楚，在我們村人們都叫他是『活字典』。」出了他家向東又向南，沒多時就來到了這位老幹部家，經過支書的介紹，知道他叫郭延祥。老郭問我們是從哪裡來的，我們答：「河南陳家溝。」他一聽說是陳家溝來的人，笑著道：「陳家溝與東土河村是一家人。」我們接著就切入正題，問他：「你怎麼知道陳家溝與貴村有淵源呢？」老郭伸手拿起桌上的茶杯，喝了口水，道：「說來話長。」

老郭說，這村比較古老，在元代前村裡就幾百口人，後經歷代爭戰，人口愈來愈少。特別到了明洪武三年（1370年）之後，這一帶連年遭災，加上官府苛捐雜稅繁重，已是民不聊生。到了明洪武五年（1372年）春，這村外出逃荒要飯者更不計其數。

　　老郭說，這村中有一姓陳的老漢，他有三個兒子。有一天，老漢把三個兒子都叫到跟前說：「這個家你們是不能再待下去了，出外逃荒要飯也比咱們都餓死在一塊兒強。」三個兒子一聽便跪下哭著道：「爹，您年過六旬，應該是孩子們伺候您的時候了，我們怎能忍心自己逃命，扔下您不管？」陳老漢沉下臉道：「你大哥不走，留在家裡。老二、老三你們自個走。」隨即陳老漢到屋裡拿出個鐵鍋，照地上一摔，然後用手一指道：「你們兄弟三人各執一片。若能活下去，日後你們兄弟見面時以鍋片為證。」後來聽村中老人們一代代傳下來說：老二在沁陽邘邰，老三在常陽村（今陳家溝）。

　　我們又接著問道：「陳家在這村會不會練拳？」老郭道：「會。以前陳家還中過武舉呢，這人叫陳錦堂。不過遭荒年後就不練了。」談完後，老郭又領著我們到陳家祠堂舊址，找幾個80歲以上的老人給我們講陳家的歷史。他們和老郭講的都是大同小異。臨走時老郭又給我們說：「你們如果有時間，到晉城市找一找陳富元，他是陳家輩數長、年歲大的人，對陳家歷史知道的也多些。」我們聽後隨即驅車前往晉城。

　　趕到晉城，天已是下午了。我們找了個熟人，領著我們找到了陳富元先生。講明來意後，陳富元

對我們說，由於以前連年戰亂，記載資料基本都丟光了，只是陳門長者代代傳說：東土河村已有數百年的歷史，由於歷史的變遷，歲月流逝，家譜只能續到清末。前輩為了延續子孫萬代，陳家先祖曾為陳門啟用了「仲思自文玉、福廷云金和、景作元風殿、毅假良貞洪」這20個字譜，作為子孫續排傳用。

我們問：「陳家溝與東土河村姓陳的有啥關係沒有？」陳富元道：「據歷代傳說，明初戰亂剛剛平息，苛捐雜稅愈來愈重，又加上那幾年災荒不斷，家族中曾有不少人背井離鄉，攜兒帶女逃荒到河南，後來傳說他們都在河南懷慶府邘邰、常陽村落戶了。」我們又問他：「你們陳家知道河南有你們陳姓同門，為什麼都沒人去看看？」陳富元道：「以前沒有公路，太行山層巒疊嶂，數十里沒有人家，若沒人結伴同行，遇見狼蟲虎豹那定是有去無回，誰敢去？不過，1965年2月初我們一行幾人去尋訪過。由於年代久遠，又缺少文字記載，一時難以搞清楚。不過他們都知道自己是晉城人。」

第二天，為了弄清澤州郡、澤州府，東土村、東土河的問題，我們又走訪了晉城市史誌辦。他們說：「你們所查的資料歷史年代比較久遠，一時半刻搞不清楚，最好你們親自查。」

經過查閱，澤州名最早始於隋代，後經唐、

宋、元、明、清、中華民國時期，略有變動。參考
變動情況：

隋開皇三年（583年）取消郡的制度，以州轄
縣。高平郡改為澤州。

唐高祖武德元年（618年）廢長平郡置澤州。

唐高祖武德二年（619年）撤丹川縣置晉城
縣，晉城名由此始。

唐太宗貞觀元年（627年）澤州州治由端氏移
至晉城。

唐玄宗天寶元年（742年）改澤州為高平郡。

宋高宗建炎二年（1128年），金太宗天會六
年（1128年）改澤州為南澤州。

金海陵王天德三年（1151年）南澤州復改為
澤州。

清世宗雍正六年（1728年）澤州改府。

中華民國三年（1914年）廢澤州府，改鳳台
縣為晉城縣。

1983年，晉城縣改為晉城市（縣級市，由省
直轄）。

1985年，晉城市升為地級市。

晉城若干村名變異表正數第8行有：東土河村
（原名東土蛾村），何時變異沒有記載。

晉城縣的基層行政區劃，明代以前無從詳考。

明、清兩代均實行里甲制度。清代以來的里甲制度有較為詳細的記載。《山西通誌》記載：清雍正六年（1728年）鳳台縣劃為170里，但未記載里甲的具體名稱。

清乾隆四十七年（1782年）版《鳳台縣誌》及清光緒八年（1882年）版《鳳台縣誌》對鄉里名稱均有詳盡記載。

清乾隆時，全縣劃分4鄉、20都、171里（後改為150里）。鄉轄都，都轄里。城內設10坊。關邊設9鄉。4鄉中立南鄉，下轄26里、347莊，東土河村則在其中。

東土河村概況：東土河，全村284戶，耕地面積1197畝。村內以陳、王、郭三姓為主。陳姓165戶。村東西長0.8公里，居住在面南坐北的山窪裡。村內老街比較狹窄，但全是青石條鋪地，由於年代久遠，雨水沖刷，常年失修，如今變得有些凹凸不平。古老房屋處處可見，保存完好。歷代古跡四處呈現，山青水綠，風光秀美。

村東頭，有兩棵老樹，一棵槐樹，一棵楊樹，數人環抱不能圍。由於年代久遠，兩棵樹螺旋形纏繞到一起，彎曲前伸，由路南到路北又蔓延下垂，遠遠看去好像是一座人工搭成的大寨門。歲月流逝，樹幹中空，人們常在樹下乘涼，樹內避雨。

　　村西頭有座大廟，始於宋代，華麗精美。廟後緊靠青山，兩邊是溝，右邊叫圪里溝，左邊叫化角溝，溝內溪水流淌，長年不斷，嘩啦啦的溪水聲，清心悅耳。相傳，這座廟與晉城市廟及河南沁陽二仙廟相繼建立，後人稱這三座廟為姊妹廟。

　　望月壁，在廟的南邊，牆寬20多公尺，高10多公尺。影壁牆四周塑著四個彎腰神像，手執鐵鏈，個個齜牙咧嘴，人稱「四大天王」。中間塑了一頭大犀牛，更是精美別緻，在月光的反射下，地面可以現出牛影，故後人把它叫作「犀牛望月」。

　　村南邊山頂有座「珍珠塔」，50多公尺高，始於唐代。這座塔修造得更加精美，雕樑畫棟，各種圖畫琳琅滿目，在陽光的照耀下，五彩繽紛，華麗誘人，讓人流連忘返。

　　村西南山腳下，在青石板上有3眼吃水井，開挖於明代，井深3公尺，水至今仍清澈見底。在沒有先進工具的年代裡，石上開井絕非易事。這顯示了東土河村人民的堅毅和智慧。

　　村西南的大山上，半山腰孤零零地伸出一塊大青石（3公尺多長，兩公尺多寬），遠遠望去像是一隻從山中向外爬出的烏龜，近看更是形象逼真。當地民謠道：「空騰龜天成，人誠龜更誠。踩踩龜身背，輩輩都富貴。踏踏龜脖頭，萬事不用愁。踩

踩龜背腰，步步能升高。」

為弄清陳卜遷居陳家溝的歷史淵源，我曾去太原，下洪洞，三到晉城，三訪東土河村。調查所得，與陳鑫的《陳式太極拳圖畫講義》中所述相符。陳家溝陳氏始祖陳卜，實屬東土河村人氏。因作俚歌，以志紀念。

> 歷代澤州多爭戰，元明時期人更慘。
> 苛捐雜稅繁且重，饑荒年裡遭蝗災。
> 日午灶旁無炊煙，草根樹皮把肚填。
> 陳卜避難逃洪洞，又遇移民徙懷慶。
> 為撥迷霧深山訪，澄清淵源志氣堅。
> 歲月如煙空逝去，彈指一揮數百年。

二、陳家溝歷史推源

要弄清太極拳的來龍去脈，須弄清陳家溝的歷史演變。陳家溝的歷史要上溯到元代末年。元代的統治者為了維護其腐朽統治，實行殘酷的政治壓迫和經濟剝削，給人民群眾帶來了深重的災難，更引發了元末農民大起義。安徽鳳陽人朱元璋率眾投奔紅巾軍，攻佔集慶，並於1367年派兵北伐，強渡

黃河，統一了中國，但鎮守在河南懷慶府的元將卻堵住朱元璋的北伐部隊。

雙方在黃河北岸懷慶府屬地交鋒，一連打了多日，難分勝負。朱元璋心中十分惱火，便把火氣遷怒於懷慶百姓身上。他稱帝後，山西的一批皇綱在懷慶府溫縣境內耿莊附近一座橋上遇劫，幾個潰逃的明兵向上稟報，說是被懷慶府百姓打劫。

朱元璋聞訊大怒，又記起他在懷慶境內受到元將拼死抵抗的老賬，認為懷慶府內沒良民，遂密令大將常遇春率兵血洗懷慶府，在懷慶府所轄的沁陽、溫縣、孟縣（今孟州市）、武陟等地先後三次實行殘酷的血腥屠殺，致使方圓數百里人煙幾絕，萬頃良田荒蕪。

明洪武五年（1372年），朱元璋又下令由山西省洪洞縣向懷慶府屬地移民。移民中有一青年名叫陳卜，祖籍本在山西澤州郡東土河村，時因家鄉連年遭災，逃荒到洪洞，年餘與妻兒一起被捲入移民隊伍帶入懷慶府境內，在溫縣城東北10公里處落了腳，將此村取名陳卜莊。由於陳卜莊地勢低窪，常受澇災，明洪武七年（1374年），陳卜闔家遷往常陽村。

此村位於陳卜莊東南的清風嶺上，南臨黃河，北負一嶺，旱澇保收。因村西有寺溝，村東有趙

溝，村北有正北溝，三面環溝，隨著陳氏家族人丁
繁衍，常陽村逐漸易名為常溝、陳溝、陳家溝，直
至新中國成立後，陳家溝所用的婚喪嫁娶用具上還
寫著「古常陽」的字號。陳家溝位於今溫縣縣城正
東約5千公尺處，居民仍以陳姓為主，村中居民現
達2600餘人。

三、陳式太極拳的起源

　　陳氏始祖陳卜全家定居清風嶺上的常陽村後，
勤勞耕作，興家立業。為了保衛桑梓不受地方匪盜
危害，精通拳械的陳卜在村中設立武學社，傳授子
孫習拳練武。

　　陳卜及其後代六代同居，計有第2代陳剛、第
3代陳琳、第4代陳景元、第5代陳堂、第6代陳宗
禮等人。到第7代陳思齊、陳思孔、陳思懷三兄弟
時開始分家立業。陳思齊傳於第8代陳守身，又傳
於第9代陳我讀、陳我講、陳我誦、陳我漠兄弟四
人，再由陳我講傳於第10代陳汝信。陳氏另一支
由第7代陳思懷傳於第8代陳撫民，由陳撫民傳於
第9代陳奏乾與陳奏廷二人。

　　陳王廷（約1600—1680）又名陳奏廷，係明
末文庠生、清初武庠生，文武雙全，曾隻身闖玉帶

山，勸阻登封武舉李際遇叛亂，為清廷在山東平定
盜匪立過戰功，在河南、山東負有盛名卻不被清廷
重用。陳王廷報國無門，收心隱退，在耕作之餘，
依據自己祖傳之一百單八式長拳，博採眾家之精
華，結合陰陽五行之理，並參考傳統中醫學中有關
經絡學說及導引、吐納之術，發明創造出了一套具
有陰陽相合、剛柔相濟的新型拳術，包括太極拳五
路、炮捶一路、雙人推手及刀、槍、棍、劍、鐧、
雙人黏槍等器械套路。

　　從現有的陳王廷的《長短句》中，可以瞭解當
時的一些情況：

　　歎當年，披堅執銳，掃蕩群氛，幾次顛險！蒙
恩賜，枉徒然，到而今，年老殘喘，只落得《黃
庭》一卷隨身伴。閑來時造拳，忙來時耕田，趁餘
閑，教下些弟子兒孫，成龍成虎任方便。

　　欠官糧早完，要私債即還，驕諂勿用，忍讓為
先。人人道我憨，人人道我顛，常洗耳不彈冠。笑
煞那萬戶諸侯，兢兢業業不如俺。心中常舒泰，
名利總不貪。參透機關，識彼邯鄲，陶情於魚水，
盤桓乎山川，興也無干，廢也無干。若得個世境安
康、恬淡如常，不忮不求，哪管他世態炎涼，成也
無關，敗也無關。不是神仙誰是神仙？

陳王廷晚年能夠造拳，還與一位叫蔣發的武林高手是分不開的。陳王廷早年闖玉帶山李際遇山寨時，曾結識李際遇部下一名戰將蔣發，此人武藝也相當精湛，傳說腳快如飛，可百步追兔。李際遇被清政府鎮壓後，蔣發落難，投奔了陳王廷，以陳王廷為友為師，自己甘願為僕為徒，關係甚密，使陳王廷造拳有了切磋的對手，新造太極拳可以在實踐中得以檢驗，不斷修正。

四、陳式太極拳的理論來源

陳氏第9代傳人陳王廷創造陳式太極拳的理論來源有四：

1. 把拳術與易學的陰陽五行之變化相結合

人體是一個不斷運動著的有機整體，易學認為，自然界一切事物的運動，無一不是陰陽的對立統一。人的生命運動，其本身就是陰陽對立雙方，在不斷的矛盾運動中取得統一的過程。

易學認為，凡是屬於溫熱的、上升的、明亮的、興奮的、活動的等方面的事物或現象，統屬於陽的範圍；凡是屬於寒冷的、下降的、晦暗的、抑制的、靜止的等方面的事物或現象，統屬於陰的範疇。而太極拳就順從陰陽變化之理，在一招一勢動

作之中，陰中含陽，陽中具陰，陰陽互變，相輔而
生。

2. 把拳術與中醫學中的導引、吐納等理論相結合，將氣功運用於拳術之中

中醫學中的導引是中國古代醫學家們發明的一種養生術。主要是透過呼吸、仰俯、手足屈伸的形體運動，使人體各部血液精氣流通無阻，從而促進身體的健康。

導引，在太極拳中的應用即把意與形相結合，使心臟生理正常，從而引導血氣於周身暢通。

中國古代醫學家認為，心為神之居，主掌血脈運行，對人體各個臟腑均有重要的調節作用，是人類生命活動的主宰，是人身上最重要的臟器。五臟主藏精氣論中以心藏脈，肺藏氣，脾藏營，肝藏血，腎藏精；五神臟論中以心藏神，肺藏魄，脾藏意，肝藏魂，腎藏志。

人體全身的血液依賴於心臟的推動作用才可以輸送到全身各個部位。因此，陳王廷在創造太極拳時，把始祖陳卜所傳授下來的一百單八勢長拳等拳術與中醫的導引相結合，在周身放鬆的條件下，使形體的運動與中醫理論相符合並且能夠促進血液的循環。演練太極拳可使心氣旺盛，心血充盈，脈道通利，心主血脈的一切功能正常發揮。血液在脈管

內正常運行，從而起到練拳養生的作用。否則，會使演練者氣血不足，引起推動血液運行循環的力量減弱，脈道堵塞，產生病變，不利於演練者的身體健康。

吐納，也是中國古代醫學家們所發明的一種養生術。吐，即從口中吐出，意為呼氣；納，即收入，意為吸氣，由鼻孔而入。吐納就是呼吸之術，透過口吐濁氣，鼻吸清氣，吐故納新，服食養身，使形神相親，表裡俱濟。

肺臟主掌呼吸之氣，呼吸功能是人體重要的生理功能之一。人體在一生之中，需要不停地進行新陳代謝。在新陳代謝過程中，要消耗掉大量的清新之氣（氧氣），產生出大量的濁氣（二氧化碳）。吸進氧氣，排出二氧化碳全靠肺的呼吸、吐納功能。

太極拳把拳術招勢的形體運動與吐故納新相結合，首先，保證形體運動不妨礙人體的肺臟呼吸運動，以保障肺臟功能正常發揮，新陳代謝自然進行。其次，透過拳術招勢的形體運動來促進人體內部宗氣的形成。所謂宗氣，也叫大氣，是相對於先天元氣而論的後天之氣，是人之生命根本。宗氣的功能就是推動肺的呼吸和血液在脈管內的運行。宗氣主要由肺臟吸入的自然界之清氣與脾胃所化生的

水穀精微之氣相結合而成，集聚於胸中，稱作上氣
海，是全身之氣運動流行的本始。再次，透過拳術
招勢的形體運動來促進人體宗氣的分佈，在心臟、
肺臟的協同下，將上氣海中之宗氣通過血脈分別送
入全身各個臟腑組織器官，達到全身表裡上下，肌
膚內臟，發揮其滋潤營養之作用。

太極拳把拳術的形體運動與中醫學中的導引、
吐納等理論相結合，使形體運動更有益於身體健康
和技擊功能的發揮。

3. 把拳術與中醫學中的經絡學說相結合

中國古代中醫經絡學說主要是論述人體經絡系
統的生理功能、病理變化，以及經絡與臟腑之間的
相互關係的學說，是中國古代醫學理論體系的重要
組成部分。

經絡是運行全身氣血，聯絡臟腑肢節，溝通表
裡、上下、內外，調節體內各部分功能活動的通
路，是經脈、絡脈及其連屬組織的總稱，是人體特
有的組織結構和聯絡系統。其中，經脈是人體經絡
系統的縱行幹線；絡，有網路之意，是人體脈絡的
大小分支，縱橫交錯，網路全身，無處不至。人體
的經絡系統主要包括十二正經、奇經八脈、十二經
別、別絡、孫絡、浮絡、十二經筋、十二皮部等
幾個部分，起著決死生、處百病、調虛實的重大作

用，所以決不可不通。

　　經絡系統由有規律的循行和錯綜複雜的聯絡交會，把人體的五臟六腑、四肢百骸、五官七竅、皮肉筋脈等組織器官連接成一個統一的有機整體，從而來保證人體生命活動的正常進行。

　　陳王廷創造太極拳術把拳術與經絡學說相結合，主要取決於人體經絡系統所具備的四大功能。

　　其一，把拳術與經絡系統的聯絡作用相結合。

　　人體是一個由五臟六腑、四肢百骸、五官七竅、皮肉筋骨等組成的整體。它維護機體的協調統一，主要就是由經絡系統的聯絡作用。十二正經及十二經別縱橫交錯，入裡出表，通上達下，循行於臟腑和官竅之間；奇經八脈聯繫與調節正經；十二經筋與十二皮部聯絡筋脈皮肉。

　　陳王廷將人體經絡學說中的聯絡作用應用於太極拳術之中，就形成了太極拳技擊理論之一的「一靜無有不靜，一動百骸皆隨」。

　　其二，把拳術與經絡系統的運輸作用相結合。

　　人體的各組織器官，均需要氣血的濡潤滋養，以維持正常的生理活動。而氣血之所以暢通無阻，通達於周身，營養臟腑組織，抗禦外邪，保衛機體，必須依靠經絡系統的傳輸。陳王廷將經絡系統的運輸作用應用於太極拳術之中，由經脈運行血氣

而營養陰陽，以養丹田剛中柔表之氣，溢發於體外，助於技擊施展；濡筋骨，使自己體格健壯，表裡筋骨堅實，內氣充足，以此承受、化解外來之擊；利關節，使演練者身體各部位活動輕靈，以己不動化彼之動，後趁勢出擊，克敵制勝。

其三，把拳術與經絡系統的感應傳導作用相結合。

所謂感應傳導，就是經絡系統對於外界的刺激的感覺，有傳遞通導作用，即為人體的觸覺系統。陳王廷將經絡系統的感應傳導作用應用於太極拳術之中，保證以靜制動、後發制人的順利完成。正如《拳論》云：「彼不動，己不動；彼微動，己先動。」

其四，把拳術與經絡系統的調節作用相結合。

人體的經絡系統不僅具有聯絡作用、運輸作用和感應傳導作用，同時，它還能夠保持人體各部位功能活動的平衡與協調。陳王廷將經絡系統的調節作用應用於太極拳術之中，依靠經絡的平衡與協調作用對身體的各部位進行靈活調節，變幻虛實，以虛誘敵，引實落空，避其實而擊其虛，從而克敵制勝。

拳術與經絡學說的結合，使太極拳術獨創了順應經絡變化的纏繞螺旋運動方式而滋生的纏絲勁，

旋轉發力，增大出拳發勁的威力，令人難以提防。

4. 綜合百家拳術之長，獨樹一幟

明代嘉靖年間，中國有一位名揚海外的武將，姓戚名繼光（1528—1587），字元敬，號南塘，晚號孟諸，係山東省蓬萊人。戚繼光練製新軍，並傳以集百家拳術之長編製而成的《三十二勢拳經捷要》，拳術變化無窮，神秘莫測。

陳王廷創造太極拳時，從戚繼光所編的《三十二勢拳經捷要》中吸取精妙，採納了二十九勢，如懶紮衣、金雞獨立、採馬拳、七星拳、雀地龍、懸腳虛、伏虎勢、獸頭勢、朝天蹬、朝陽手、指襠勢、跨虎勢、當頭炮等。

陳式太極拳既廣納諸家拳術之長，又有自己獨特的神奇之處，拳理上包容百家，獨樹一幟，不斷發揚光大。

五、陳式太極拳發展簡史及其演變

自陳王廷在16世紀創造一至五路太極拳、一路炮捶後，又創造了刀、槍、劍、棍、鐧等器械套路。刺槍術和八杆四杆術對練套路中運用太極拳術的纏絲勁，開闢了長兵器陰陽變換、剛柔相濟的先河。他創建的太極雙人推手，成為一種綜合性的技

擊實踐方法，既不會傷人，又可實際檢驗武功。

　　分門別類的太極拳自成體系後，陳家溝人世代相傳，流風綿長。當地歌謠：「喝喝陳溝水，都會蹺蹺腿」，「會不會，金剛大搗碓」。可見風氣之盛。

　　陳王廷傳第10代陳汝信、陳所樂。陳汝信傳第11代陳大鵾。陳所樂傳第11代陳申如。陳大鵾傳第12代陳善通。陳申如傳第12代陳節。陳善通傳第13代陳秉旺。陳節傳第13代陳公兆。陳秉旺傳第14代陳長興。陳公兆傳第14代陳有恆、陳有本。

　　陳氏第14代陳長興（1771—1853），字雲亭，著有《太極拳十大要論》、《太極拳用武要言》、《太極拳戰鬥篇》等。他在祖傳老架套路的基礎上，將太極拳套路精煉歸納，創造性地演變成陳式太極拳一路和二路炮捶，後人稱為太極拳老架或大架。他教成的著名弟子有陳耕耘、楊露禪等。

　　陳氏第14代陳有本在原有套路的基礎上，又有些改動，逐漸捨棄了某些難度和發勁動作，架勢與老架一樣寬大，後人稱為小架。

　　陳氏第15代陳清萍（1795—1868），遷居溫縣陳家溝東北2.5公里處的趙堡鎮。他在原有太極拳套路上再次進行修改，形成了一套小巧緊湊、逐

步加圈、由簡到繁、不斷提高拳藝技巧的練習套路。後人稱其所傳太極拳為趙堡架。今稱和式太極拳。

陳氏第16代陳鑫（1849－1929），字品三，具文采。他感到陳式太極拳雖經歷代口傳親授，然文字著作較少，不利於廣泛傳播。為闡發祖傳太極拳學說，閉門著述，費時12年，完成《陳氏太極拳圖畫講義》四卷、《陳氏太極拳易象數》六卷，全面整理陳氏世代積累的練拳經驗。著述以易理說拳理，引證陰陽、經絡學說，以纏絲勁為核心，以內氣為統帥，解每勢之妙用，指入門之訣竅，為陳式太極拳理論寶庫中一座引人注目的豐碑。他還著有《陳氏家乘》、《三三六拳譜》等拳術著作。

陳氏第17代陳發科（1887－1957），字福生，是近代陳式太極拳的代表人物，對發展和傳播陳式太極拳做出了傑出貢獻。自1929年至1957年一直在北京授拳，其以技擊精妙著稱，跌、打、擲放，只在一抖之間，獨步拳壇。京都武術界譽其為「拳界至尊」。他因與人為善、武德高尚而受到世人敬仰。他教授徒弟很多，有顧留馨、洪均生、田秀臣、雷慕尼、馮志強、李經梧、肖慶林等。其子陳照旭、陳照奎，女陳豫霞，拳藝也相當出色。

陳氏第18代陳照丕（1893－1972），字績甫。

1928年秋，應北平同仁堂東家樂佑申和樂篤同兄弟二人之邀，在北平授拳。有同鄉李敬莊（字慶林）為其在《北平晚報》（1928年10月）刊發文章宣揚拳藝，名揚北平武界，曾立擂臺17天，大獲全勝。後被中華民國南京市市長請往授拳，拳蹤廣遠。著有《陳氏太極拳匯宗》、《太極拳入門》、《陳氏太極拳圖解》、《陳氏太極拳理論十三篇》等。所授弟子中王西安、陳小旺、陳正雷、朱天才功夫驚人，被海內外讚譽為陳式太極拳「四大金剛」。陳照丕先生武德高尚，誨人不倦，是陳式太極拳承前啟後、繼往開來的一代宗師。

陳家溝拳械套路有：老架一、二路（炮捶）；新架一、二路（炮捶）；小架一、二路，以及五種推手法、單刀、雙刀、單劍、雙劍鐧、雙鐧、梨花槍夾白猿棍、春秋大刀、四杆、八杆、十三杆等。

陳式太極拳經過數百年的發展演變，衍生了楊、吳、武、孫、和五大流派。

（一）楊式太極拳

楊福魁（1799—1871），字露禪，河北省永年縣人。陳家溝陳德瑚在河北省永年縣開中藥鋪，楊露禪酷愛武術，後隨陳德瑚回陳家溝家中學拳。陳氏第14代陳長興在陳德瑚家設武學，見楊露禪聰

明伶俐，殷勤做事，誠懇為人，且愛拳術，與陳德瑚商議後，收其為徒。楊露禪用功練拳，常常深夜苦練，乏困時在長凳上打盹休息。因長凳窄，一不小心便掉下來。他醒後繼續演練，如此7年之久，已達中成，遂拜別恩師與掌櫃，離陳家溝回鄉。後又兩次返回陳家溝學拳，終達大成。

他回到河北省永年縣後，經別人推薦，到北平教授拳術，打敗無數名家高手，名聲大振，被請入清廷皇宮與王府中授拳。由於學拳者皆為貴族子弟，不適合大體力運動，他便將太極拳中的纏絲勁及躥蹦跳躍難度大的動作做了修改，使其動作簡化，姿勢柔和，不縱不跳。後經其三子楊健侯修改為中架。再經其孫楊澄甫修改而成為現在流行的楊式太極拳。其特點是拳架舒展，動作柔和，綿裡藏針，姿勢順達。

楊澄甫（1883—1936），在北平、上海、廣州享有盛譽，著有《太極拳使用法》、《太極拳體用全書》等，是楊式太極拳一代著名宗師。

（二）吳式太極拳

楊露禪在清王府教拳時，滿族人全佑從其學拳，後又學於楊班侯。全佑傳其子鑒泉，後鑒泉從漢姓吳，名吳鑒泉（1870—1942）。

其拳架以柔化著稱，推手守靜不妄動，具有架勢大小適中、柔和緊湊的特點。吳鑒泉曾在上海開辦拳社，拳徒甚眾，逐步形成現代流行的以柔化剛見長的吳式太極拳。

（三）武式太極拳

武禹襄（1812—1880），河北省永年縣人，初學於同鄉楊露禪大架套路，後慕名至陳家溝，求陳長興教拳。陳長興介紹他向第15代陳清萍學拳，陳清萍的架小而緊湊，加圈纏絲，是陳式太極拳小架套路的支流。武禹襄在楊式大架、陳式小架的基礎上演變而成現代的武式太極拳。後傳其甥李亦畬（1832—1892），李亦畬再傳郝為真（1849—1920），郝為真傳其子月如、少如。月如以教拳為業，武式太極拳開始外傳。其特點是動作輕靈、步法敏捷、緊湊纏綿。

（四）孫式太極拳

孫祿堂（1860—1930），河北省完縣人。先學形意拳，精意理，兼習八卦。著有《形意拳學》、《拳意述真》等，在北平有「活猴」孫祿堂美稱。他從郝為真學習太極拳，將形意、八卦、太極拳融為一體。形成現代的開合鼓盪、架高步活、獨具風

格的孫式太極拳。

（五）和式太極拳

　　和式太極拳由清末河南溫縣趙堡鎮太極拳名家和兆元（1810－1890）始創，因地域亦被稱為趙堡太極拳。和兆元出身於中醫世家，自幼習文學醫。1825年，師從本鎮拳師陳清平習武。後在北京供職，被援予「武信郎」。在理學大家李棠階影響下，對太極拳進行了重大改革，尤使太極拳理論有了長足發展。以理學、儒家、道家並結合醫學理論來指導和規範拳架，使理論與實踐完美結合，創編了一套體用一致、技理相合的「代理架」，即和式太極拳。

　　傳統和式太極拳有72式，皆為易學之理貫穿於拳勢之中。象其形（圓），取其義（陰陽、五行、八卦），用其理（陰陽變易，五行生剋，天人合一）。走架以輕靈圓活、柔中求剛的準則促進周身協調，步伐靈活，身法敏捷，柔順自然。以陰陽變化之法，使身體不同部位運動時產生的分、合等勁力，形成千變萬化的技術、技法。形成太極拳滑如魚、黏如膠、軟如棉、硬如鋼的技擊特色。和式太極拳除具有一般太極拳的要點外，在理論、技術技法、強身養生方面都有其獨特之處。

第二章

太極養生增氣功圖解

一、太極養生增氣功動作名稱

第 一 式	預備勢	第二十二式	白鵝亮翅
第 二 式	太極起勢	第二十三式	斜行
第 三 式	真氣運轉	第二十四式	初收
第 四 式	金剛搗碓	第二十五式	前趟拗步
第 五 式	懶紮衣	第二十六式	斜行
第 六 式	六封四閉	第二十七式	閃通背
第 七 式	單鞭	第二十八式	掩手肱拳
第 八 式	鋪地錦	第二十九式	全炮拳
第 九 式	金雞獨立	第 三十 式	掩手肱拳
第 十 式	前招	第三十一式	上挑肘
第十一式	後招	第三十二式	穿心肘
第十二式	雙風貫耳	第三十三式	雙開肘
第十三式	野馬分鬃	第三十四式	白猿獻果
第十四式	小擒拿	第三十五式	單鞭
第十五式	回頭金剛搗碓	第三十六式	雀地龍
第十六式	披身拳	第三十七式	上步七星
第十七式	背折靠	第三十八式	下步跨虎
第十八式	雙推手	第三十九式	雙擺蓮
第十九式	肘底看拳	第 四十 式	當頭炮
第二十式	倒捲肱	第四十一式	金剛搗碓
第二十一式	退步壓肘	第四十二式	收勢

二、關於太極養生增氣功圖解的幾點說明

（1）本套路集諸家套路之長，以氣催形為主，具有養生、增強內氣、延年益壽、提高技藝之特效，是演練者功夫上升、由第一個階段過渡到第二個階段的極好方法。書中的套路照片是由作者示範演練而拍攝的。

（2）按照前人習慣，北屬陰柔，南屬陽剛，故演練太極拳養生增氣功定勢為面北背南，左西右東，此屬柔中寓剛，熟練後可根據場地而定，起勢和收勢皆可以隨機應變。

（3）本套路每式定勢時都注有方向，以便讀者查對學習。

（4）本套路中帶有虛線和實線的箭頭，均表示手或腳的運動趨向，即由本圖過渡到下一圖的趨向。凡動作簡單，有文字即可說明的，就不再在圖中表示其運動趨向，可參看本圖文字和後一圖的文字說明。

（5）本套路圖中實線箭頭表示右手、右腳的動作趨向，虛線箭頭表示左手、左腳的動作趨向。

三、太極養生增氣功動作說明

第一式　預備勢

【動作】身端體正，凝氣定神，內固精神，外示安逸。面北而立，此方向是根據前人的經驗和習慣而定，但是也不必侷限某一方向，可根據場地而定。

頭要正直，頂勁要虛，向上領起，頭頂百會穴要用意輕輕上頂，有繩提之意，如懸掛一樣。嘴唇微閉，齒輕合，舌尖輕頂上齶。用鼻自然呼吸，下頦微內收，兩眼平視前方。兩耳靜聽身後，以便注意力集中。

外觀有無極之感，頸部要自然豎直且放鬆，兩肩放鬆下沉，含胸微收腹。但不可弓背陷胸。塌腰、兩肋內收，使兩肩關節相對，領下大椎穴有鼓起上提之意，與虛領頂勁上下呼應。兩肘微屈。兩手與兩腿之間自然留隙，掌心向裡。拇指內合，其餘四指微併攏。小指內合與拇指相呼應。指尖略有外翻之意，使掌心成窩形（圖2-1）。兩腳尖微外擺，成八字形，自然站立。

【要點】它是開始練習動作之前意識和姿勢的

準備階段，所以一上場練拳就得去掉任何私心雜念，平心靜氣，以意而待其動，全身要內外放鬆，保持立身中正，呼吸自然，意守丹田，眼視前方。

第二式　太極起勢

【動作一】接上式，吸氣，身體微下蹲，鬆兩胯，兩膝微屈，繼而將身體重心全部移至右腿，鬆左胯，提膝，將膝蓋提至與胯同高，左腳放鬆下垂，眼視前方（圖2-2）。

【要點】太極起勢是靜中生動，在鬆胯提膝時，兩腿左開右合，右腳五趾抓地，達到下盤穩固，左膝上提時，含胸略收小腹，氣沉丹田，周身成合勁，方能保持周身上下平衡。

圖2-1　　　　　　　圖2-2

【動作二】接上勢，先吸氣，後呼氣，左膝繼續上提過胯，然後慢慢向左側跨出，兩腳自然分開，腳尖先著地，後漸漸踏平，與肩同寬，兩腳尖略外撇成八字形，十趾抓地。目視前方（圖2-3）。

【要點】左腳下落時先上後下，此時為了保持身體平衡，身體繼續略下蹲，左腳跨步時有探聽之意，落地時腳大拇指先著地，然後再漸漸踏平。

【動作三】接上勢，吸氣，含胸，塌腰，身體微下蹲，同時鬆肩沉肘，兩臂徐徐向前上方抬至與肩平。雙手上提時兩手腕部突出，兩掌心向下，目視前方（圖2-4）。

圖2-3　　　　　　　圖2-4

【要點】雙手上提
時，胯關節微外撐，襠內
側微合，兩膝微裡扣，鬆
胯開襠，臀部自然上抬，
但不要故意撅起。全身內
外放鬆，保持立身中正，
耳聽身後，兼顧上下左
右、四面八方，這在整個
過程中都應該注意。

圖2-5

【動作四】接上勢，
呼氣。身體微下蹲，兩肘
下沉，同時兩掌根下按至與胯平。手指略上翹，小
臂微內收。兩手與兩腳相合。目視前方（圖2-5）。

【要點】起落應以纏絲勁貫穿於動作的全部過
程之中。兩手下按時，身體下蹲，氣往下沉，以意
識引導氣注入丹田。兩腳十趾抓地，湧泉穴要虛，
周身合為一體。

第三式　真氣運轉

【動作一】接上式，吸氣，繼而鬆右胯，身體
略右轉，重心略右移，在轉體移重心的同時，雙
手變雙逆纏徐徐向身體右側擺出，約45°，面向東
北，眼視右側（圖2-6）。

圖2-6　　　　　　　　圖2-7

【動作二】接上勢，繼而不停地變重心左移，身體向左轉，在移重心轉體的同時，雙手由右向上再向左劃弧180°，落於身體左側，面向西北，眼視左側（圖2-7）。

【動作三】接上勢，重心右移，雙手隨著轉體漸漸向下，然後經胸前向右下劃弧180°，落於身體右側，回歸到本式動作一位置，面向東北，眼視右側（圖2-8）。

【動作四】接上勢，鬆左胯，給右胯，身體左轉，重心左移，在向左轉移重心的同時，雙手下沉，走下弧線向左側擺出180°，落於身體左側，面向西北，眼視左側（圖2-9）。

圖2-8　　　　　　　　　　圖2-9

【動作五】接上勢，身體右轉，重心右移，在轉體移重心的同時，雙手向上然後向右側劃弧180°，面向東北，眼視右側（圖2-10）。

【動作六】接上勢，鬆左胯，給右胯，重心左移，身體左轉，在移重心的同時，雙手下沉，走下

圖2-10

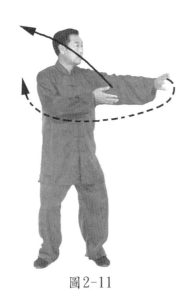

圖2-11

弧線由右向左劃弧180°，落於身體左側，回歸到本勢動作四（圖2-9）位置，面向西北，眼視左側（圖2-11）。

【要點】

（1）雙手旋轉劃弧時，形與氣必須保持默契配合，旋轉時內氣無須有凸凹現象出現，快與慢由自己選定演練，但必須做到輕而不浮，沉而不僵，快而不散。

（2）此式是內氣貫注周身大循環運動，無論是由右向左或由左向右劃弧，必須保持身體中正運轉，雙臂走大圈、內氣走小圈皆是密切配合，渾然一體，否則會出現丟頂之病。

（3）雙手劃圓行至高處時，身體自然上升，氣往下降，氣不可上提，否則會造成橫氣填胸，久之影響健康。

第四式　金剛搗碓

【動作一】接上式，吸氣，含胸，塌腰，身體

右轉並下沉，重心左
移，同時右腳尖蹺起，
以腳後跟為軸往外擺，
兩腳變左實右虛，兩手
隨身體右轉，右手有接
手之意，右先左後走
弧線一起向身體右側将
出，面向東，眼視前方
（圖2-12）。

圖2-12

【要點】由左向右
先托後将的過程中，始
終保持沉肩、墜肘，虛實轉換要以腰為主宰，要求
一動周身上下無有不是圈，渾然一圓方為合格（無
有不是圈是指周身或上下內外，處處呈現出圓形、
弧形，纏絲勁之意）。

【動作二】接上勢，吸氣，兩腿重心走下弧右
移，收腹提肛，鬆胯屈膝，右腿略下蹲，五趾抓
地，同時兩手由托變将，向身體右外側将出，在向
右将出的同時，左腿提膝懸於襠內。面向北，眼視
前方（圖2-13）。

【要點】太極拳從外觀看來如舞、如操，優美
柔和，但其內確含堅剛，勁宜沉不宜拙，沉而不
僵，輕而不浮，浮而不飄。左手由托變将到身體中

圖2-13　　　　　　　　　　圖2-14

線時，右腿略下蹲內扣，同時鬆左胯提膝裡合，周身氣往下沉，兩臂自然向右外，眼視左前方。

【動作三】接上勢，呼氣，鬆右胯屈膝繼續下蹲，同時左腳尖蹺起，腳後跟內側輕輕著地，向前鑱出，繼而踏平，兩臂繼續向身體右外側掤出，邊掤邊捋。面向正北，眼視前方（圖2-14）。

【要點】左腳向前鑱出時，重心全部移至右腿。兩手隨身體右轉繼續向右外捋，這樣勁有益於分達四梢，左腳才能靈活地向前伸展，但要注意在腳後跟內側輕輕著地時，有探聽之意，隨時有收放之能。

【動作四】接上勢，先吸氣、後呼氣，身體下

沉，鬆左胯，腰向左轉，隨即重心走下弧移至左腿，同時左腳尖外旋，兩手隨重心走下弧，左肘橫於胸前。右掌置於右膝外側，掌心向前，指尖斜向下，面向正北，眼視前方（圖2-15）。

圖2-15

【要點】重心由右向左移時，右腳用力蹬地，鬆左胯，身體由下而上走弧形向前擠出，以腰催肩，以肩領肘，以肘帶手，橫於胸前，左腕部突出，手指放鬆，以便技擊力點清晰。

【動作五】接上勢，吸氣，重心繼續左移，右腳內側蹬地，隨即提起前上，腳尖點於右側前。隨著重心前移，左手由下向上轉，走外弧線向內旋搭於右手小臂中節處，掌心向下。右手隨右腿前上，屈肘於身體右側前方，與左手相交。含胸，塌腰，左右構成合勁，面向北，眼視前方（圖2-16）。

【要點】右腳尖點地時，前腳掌著地，腳後跟抬起，左腿鬆胯屈膝，左腳五趾抓地，含胸塌腰，眼視前方。

圖2-16　　　　　圖2-17　　　　　圖2-18

【動作六】接上勢，先吸氣、後呼氣，左掌下落時，由掌心向下變掌心向上，同時右掌向裡合變拳，落於左掌心內，右拳、左掌心皆向上，與肚臍平，面向北，眼視前方（圖2-17）。

【要點】右手裡合變拳上提時，吸氣，下落時呼氣，也稱短吸短呼。呼氣時身體放鬆，氣往下降，達於丹田。

【動作七】接上勢，吸氣，右拳走上弧向裡合，提至鼻端上下處，拳心向裡，沉肩墜肘，含胸塌腰，略收小腹，同時右膝蓋上提至右胯處，與右肘尖相對，右腳自然下垂，左腳五趾抓地，面向北，眼視前方（圖2-18）。

【要點】右拳裡勾走上外弧時，正好是左掌下沉時，同時收小腹，提肛，右腿提膝上撞時力點要清晰（勁點達於膝蓋）。

【動作八】接上勢，呼氣，右拳右腳放鬆下落震腳。右拳落於左掌心內，同時右腳下落，兩腳間距與兩肩同寬。震腳時湧泉穴要虛，保持虛靈頂

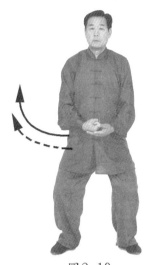

圖2-19

勁，含胸塌腰，氣沉丹田，面向正北，兩眼平視前方，耳聽身後（圖2-19）。

【要點】右拳右腳下落時，周身氣往下沉，含胸束肋，兩臂微外開，兩肩、胯鬆開。震腳時周身合為一體，左重則左虛，右重則右渺，完整一氣方為合格。

第五式　懶紮衣

【動作一】接上式，先吸氣、後呼氣，金剛搗碓之後，速鬆右胯，重心略左移，同時左掌右拳向右前方出，面向東北，眼視右側前方（圖2-20）。

【要點】雙臂外時胸內含，要求內圓外方，但

圖2-20　　　　　　　　　圖2-21

力點則在掌外沿。

　　【動作二】繼而鬆左胯，身體略左轉，雙手隨之向下，然後向左劃弧旋轉，待雙手旋到左肋時，鬆右胯變身體左轉。在身體左轉的同時，雙手經左劃弧，然後身體變向右轉，繼而向上穿掌，落於體前，雙掌心向外，面向正北，眼視前方（圖2-21）。

　　【要點】雙手下落時，腰勁下塌，待行至左側向上時，身體上、下形成對拉之勢，方可達到力點清晰，掌向上穿時有解脫之意。

　　【動作三】繼而不停地雙手向身體兩側開擊的同時，左腳提起向左側外開30公分左右，面向東北，眼視右手（圖2-22）。

圖2-22　　　　　　　　　圖2-23

【要點】

（1）雙掌向外開展時呼氣，右重左輕，周身內外皆開，眼神要隨著外開神往勁達。也可曰周身一動，百骸皆隨，才能達到開擊有力。

（2）左腳向左側開步時，左腳尖先著地，繼而踏平。

【動作四】繼而不停地鬆左膝、重心左移，在重心左移的同時，右掌心逆纏向右變順纏向下劃弧，然後向上托引，左掌先順纏向左，再變逆纏由左向上，然後向右劃弧搭於右大臂中節，拇指在下，四指在上，掌心向前。在雙手變左上、右下在體前相交的同時，右腳先提起（圖2-23），繼而

圖2-25

圖2-24

向右側外跨出，面向東北，眼視右側（圖2-24）。

【要點】右腳跨出時，右腳後跟內側先著地，然後向外鑱出，此時成插襠引進之勢，眼視身體右側。

【動作五】繼而不停地鬆右胯，給左胯，重心右移，在右移重心的同時，身體向右轉，兩臂隨之左下右上向身體兩側開，左手落於小腹前，掌心向上，右臂向右側，先肩、後肘、再手外開，待開到所需位置時沉肩、墜肘、揚指，面向東北，眼斜視右手中指（圖2-25）。

【要點】向右開展，是在扭腰旋背擰襠的前提下來完成的，待開到所需位置時鬆左胯，周身氣往下降，做到手與足合，肘與膝合，肩與胯合（外三合）。待有一定練拳基礎時，繼而做好內三合，即心與意合，氣與力合，筋與骨合。

第六式　六封四閉

【動作一】接上式，懶紮衣之後，繼而不停地左手隨丹田正轉360°，右臂鬆肩起肘旋腕，隨胸在右側向內折腕正轉360°，然後弧線下引至小腹前。此時重心略偏左，面向東北，眼視右側（圖2-26）。

【要點】在演練過程中應注意丹田、胸腹、雙腕旋轉以及四肢百骸歸於一勁。

圖2-26

【動作二】接上勢，繼而不停地鬆右胯，給左胯，重心右移，在右移重心的同時，兩臂隨著移重心弧線向身體右側掤出，右掌心向外，左掌心向內，面向東北，眼視右側（圖2-27）。

【要點】在移重心雙臂外掤時，胸內含，背略外張，使前掤與後張形成對拉之勢。只有這樣在技擊運用時，才不至於身體前傾，力點也更加清晰，氣易暢通。

【動作三】接上勢，鬆左胯，給右胯，重心左移，在移重心的同時，身體左轉，雙手向左側捋時，以腰為界，周身上下形成對拉之勢，面向東北，眼視右側（圖2-28）。

圖2-28

圖2-27

【要點】重心左移時左膝微外擺，心氣下降，內氣鼓盪。雙手左捋時意在拳先，左手逆纏內旋，右手變順纏有上托之意。

【動作四】接上勢，繼而鬆右胯，給左胯，身體右轉，重心右移，在移重心轉體的同時，雙手左逆右順，向身體兩側開展，面向東，眼視右側（圖2-29）。

【要點】重心右移，身體右轉，雙臂向兩側開展，要做到同時到位，舒胸、沉肩、墜肘。

【動作五】繼而不停地身體左轉，鬆左胯，給右胯，重心左移，在移重心的同時，雙掌合於兩耳下，面向東北，眼斜視右側（圖2-30）。

圖2-29

圖2-30

圖2-31

【要點】待雙手向內合時，開胸，雙臂外張，周身內外有蓄而待發之勢。

【動作六】繼而不停地鬆右胯，給左胯，漸漸重心右移，在右移重心的同時，含胸塌腰，左腳側上虛步點於右腳內側，兩手隨之向身體右側推出，面向東北，眼視右側（圖2-31）。

【要點】

（1）在向右推出時，身體先向下略蹲，蓄而後推。

（2）頂勁領住，意在掌先。

（3）左腳右上時，向後螺旋劃弧後擺，繼而右上點地。

第七式 單 鞭

【動作一】接上式，鬆右胯，身體右轉，同時左掌逆纏前伸，右掌順纏，沿左小臂內側順纏內收，待纏至左肘關節內側止（圖2-32）。

【要點】在兩手反向交錯時，要以腰來帶動，腰、肩、腕要鬆和順達。

圖2-32

圖2-33

【動作二】繼而不停地身體左轉，左手向下行至小腹前。同時，右手變刁手向右側斜上伸展，兩手形成反向運行（圖2-33）。

【要點】在右手右伸時，同樣是以腰

圖2-34

來帶動的，欲伸時，右手五指並攏，在沿路外伸時漸而變屈指刁腕。

【動作三】待雙手行至所需位置時鬆手腕略內扣，右臂鬆腕沉肩墜肘，同時含胸收腹，提起左腳懸於襠內，面向西北，眼視左側（圖2-34）。

【要點】在沉肩墜肘、鬆左胯的同時，吸氣，右腳五趾輕微抓地，使湧泉穴空虛，周身蓄合，左腿才能輕靈，側向提起。

【動作四】繼而不停地右腿屈膝下蹲，周身繼續蓄合，身體略向右轉，在下蹲的同時，左腳向左側鏟出，面向西北，眼視左側（圖2-35）。

【要點】在左腳鏟出時，以腳後跟內側先著地，然後側向鏟出，腳尖可蹺起，然後漸漸踏實。

【動作五】左腳鏟出後，鬆左胯，給右胯，重心左移，待重心移至左腿時（圖2-36），右腳尖略內勾。然後再鬆右胯，給左胯，重心右移（圖2-37），在重心向右移的一瞬間，鬆左胯，給右胯，重心再次移至左腿。在第二次移重心時，左臂先內扣，隨著移重心向左側，先肩、後肘、再手循

圖2-35　　　　　　　　　　圖2-36

圖2-37　　　　　　　　　　圖2-38

序向左側開展，面向西北，眼斜視左手中指（圖
2-38）。

【要點】在左、右、左移重心的過程中，身體
隨著重心略左右旋轉。

第八式　鋪地錦

【動作一】接上式，重心右移，繼而左後腳跟
內側著地，在身體下
蹲、左腿著地的同
時，左掌下落於左腿
上方，左手指尖向
前，拇指向上，右勾
手上提，達於右後上
方，面向西，眼視左
前方（圖2-39）。

圖2-39

【要點】重心右移，身體下蹲，左手下落，右勾手上起要做到與周身協調一致。

第九式　金雞獨立

【動作一】接上式，吸氣，鋪地錦將終，重心左移，鬆左胯，右腳內側用力蹬地，左腿緩緩直起，成弓步，右腳隨即蹬地而起，左掌隨重心前移向前，右勾手變拳合於右肋處，左掌繼續向前，面向西，眼視前方（圖2-40）。

圖2-40

【要點】襠勁螺旋前衝，勁貫於左手指，右勾手變拳隨重心前移輔助左掌向上，右手向下合於右肋處，頂勁領起，胸合勁上領。

【動作二】接上勢，呼氣，待重心完全移到左腳時，右腳蹬地前上，點於身體右側前方。兩腿屈膝鬆胯，同時右拳變掌心朝上落於右肋前，左掌心向下，面向西，眼視前方（圖2-41）。

【要點】在屈膝鬆胯的同時，頂勁領起，注意

圖2-41　　　　　圖2-42　　　　圖2-42（正面）

含胸塌腰，身體須保持中正。

【動作三】接上勢，呼氣，身體先螺旋下降，繼而右掌拇指領勁小指合，向上托起，同時右腳懸於襠內，左掌螺旋下按與右手上托相互呼應，面向西，眼視前方（圖2-42）。

【要點】右手上托，與左手下按、右腳懸於襠內，要同時到位，要求左腳五趾抓地，獨立步要穩，右膝上撞時力點要清晰。做到頂勁領起，立身中正，上下合一，協調一致。

第十式　前　招

【動作一】接上式，在左腿微屈膝下蹲、右腳下落震腳時，右手隨之下按，落於右腿外側，面向

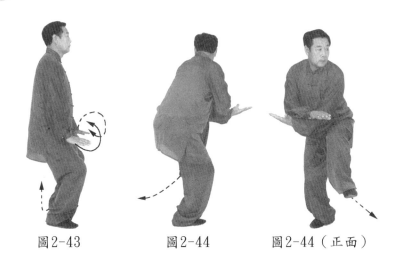

| 圖2-43 | 圖2-44 | 圖2-44（正面） |

西，眼視前方（圖2-43）。

【要點】右腳下落震腳時，湧泉穴要虛，實是一瞬間的實，要做到左重則左虛，右重則右渺。

【動作二】接上勢，重心漸漸移至右腿，待重心移至右腿時，左腿提起懸於襠內，雙臂隨移重心在兩側劃弧後，交叉於胸前，右上左下，兩掌心為左上右下，面向西南，眼視左側（圖2-44）。

【要點】重心右移時，提左腳、雙臂交叉要做到同時到位，此時含胸塌腰，背略外張。

【動作三】接上勢，右腳五趾抓地，屈膝下蹲，同時左腳向左側後跨步，兩臂繼續略內合，面向西南，眼視左側（圖2-45）。

【要點】屈膝下蹲時，胸繼續內含，左腳向左

圖2-45

圖2-45（正面）

側後跨步，落地時，心氣下降，有蓄而待發之勢。

圖2-46

【動作四】接上勢，繼而鬆左胯，給右胯，重心左移，在移重心的同時，身體向左轉，兩臂左上右下向身體兩側發崩勁，面向西南，眼斜視左側（圖2-46）。

【要點】鬆左胯，右腳蹬地，重心左移，雙臂外開發勁要同時進行，兩臂左主右副。要求一靜百靜，一動百骸皆隨。

第十一式　後　招

【動作一】重心繼續左移，同時右腳提起懸於襠內，在左移的同時，兩臂劃弧在胸前交叉，左上右下，兩掌心左下右上，面向西北，眼視右側（圖2-47）。

【要點】重心繼續左移時，繼而提起右腳，雙手劃弧交叉要同時到位，有蓄而待發之勢。

【動作二】接上勢，繼而左腿屈膝下蹲，同時，身體略左轉，右腳向右側前上步，面向西北，眼視右側（圖2-48）。

【要點】右腳向右側前上步時，正好是周身氣往下降，蓄合待發時。

圖2-47　　　　　　　　　　圖2-48

【動作三】接上勢，繼而鬆右胯，給左胯，重心右移，身體右轉，在轉體移重心的同時，兩臂右上左下向身體兩側發崩勁，面向西，眼視右側（圖2-49）。

【要點】與第十式動作四要點同。

第十二式　雙風貫耳

【動作一】接上式，身體略左轉，重心左移，在轉體移重心的過程中，右腳收回點於右側前；雙臂左上右下在體前交叉，雙掌心向上，面向西，眼視前方（圖2-50）。

【要點】在向左移重心的過程中，右腳內收與雙臂內收同時到達，雙臂在體前交叉時，正好是身

圖2-49　　　　　　　圖2-50

體下蹲，含胸、塌腰、蓄合時。

【動作二】接上勢，重心左移，同時提起右腳，雙手左順右逆向身體兩側分開，面向西，眼視正前方（圖2-51）。

【要點】在重心漸漸左移時，右腳逐漸向上提，雙掌逐漸向兩側開，待重心完全移至左腳時，正好是雙掌開到所需位置時。

【動作三】接上勢，左腳蹬地，右腿向前方上步重心右移，在移重心的過程中雙掌變丁字拳，左順右逆一齊向身體中線合擊，面向西，眼視前方（圖2-52）。

【要點】雙拳向中線合擊時，是在重心前移的過程中來完成的，合擊時含胸塌腰，背略外張，才能使雙拳力點清晰。

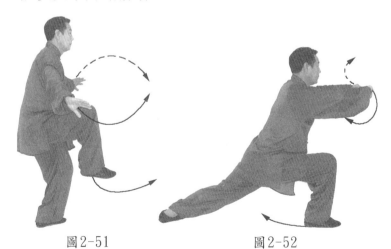

圖2-51　　　　　　　　圖2-52

第十三式　野馬分鬃

【**動作一**】接上式，右腳蹬地，鬆左胯，重心左移，待重心完全移至左腿時，提起右腳懸於襠內；在移重心的過程中，雙手在兩側劃圓後，交叉於胸前，左上右下。面向西南，眼視右側（圖2-53）。

【**要點**】此勢重心左移，雙手在兩側劃弧與提右腳同時到位，提膝、雙手交叉於胸前時，兩肩略內扣，胸略內含，背略外張，有蓄而待發之勢。

【**動作二**】接上勢，右腳向右側前西北方向邁出（圖2-54），繼而鬆右胯，給左胯，身體略右轉，重心漸漸移至右腿。在向右轉移重心的同時，兩臂向兩側伸展，兩掌心左下右上。面向西北，眼

圖2-53

圖2-54

視右掌（圖2-55）。

【要點】

（1）左腿微屈，左腳五趾抓地，含胸、束肋，氣往下沉，獨立腿才能穩固。

（2）右腳邁出時，左腿繼續下蹲，身體繼續略左轉，右腳落地時有輕靈探聽之意，然後漸漸踏實。

（3）重心右移時，要以腰勁催動右臂前伸，雙臂右主左副，漸漸向兩側伸展。

【動作三】接上勢，身體繼續右轉，重心移至右腿，右腳尖外擺；雙臂內收合於胸前，雙掌心左上右下。面向西北，眼視前方（圖2-56）。繼而重

圖2-55

圖2-56

心移至右腿，同時提起左腳懸於襠內，面向西北，眼視左側（圖 2-57）。

【要點】

（1）重心右移時，雙臂卸掉掤勁，隨著移重心的同時內外皆合，有蓄而待發之勢。

（2）左腳欲提時，右腳五趾抓地，穩固好重心後，左腳才能輕靈跨出。

【動作四】接上勢，身體繼續屈膝下蹲，同時左腳向左側前邁出，面向西南，眼視左側（圖 2-58）。繼而雙掌在體前劃平圓360°後，雙掌左前右後向身體兩側伸展，左掌心向上，右掌心向下，面向西北，眼視左側（圖 2-59）。

圖 2-57

圖 2-58

圖2-59　　　　　　　　　圖2-60

【要點】

（1）左腳向左側前邁出時，兩肋左蓄右張。

（2）兩掌在體前劃圓時，要做到鬆柔圓活。其目的是增強胸腰運化能力，長期演練身法轉換能夠變得更加敏捷。

第十四式　小擒拿

【動作一】接上式，重心繼續左移，身體左轉，在移重心轉體的同時兩手在左側相交（圖2-60）。繼而重心右移，身體右轉，在移重心轉體的同時，左手先順纏向下，繼而逆纏向上，劃弧置於左側前，右手順纏向下繼而向左，經左側前變逆纏向上再向右變順纏向左劃弧，下落於右肋處，面向西北，眼視左側（圖2-61）。

圖2-61　　　　　　　　　圖2-62

【要點】重心左移時，雙臂隨之下沉，待重心右移時，左手走小圈，右手走大圈，右快左慢。

【動作二】接上勢，鬆左胯，給右胯，重心左移，身體略左轉，在移重心轉體的同時，左手順纏向下，右手逆向左落於左小臂下方，兩手構成合勁。面向西北，眼視左前方（圖2-62）。

【要點】

（1）左手順纏向下落，右手逆纏向左，在速度上是左快右慢，雙手力點到達所需位置是相同的。

（2）左手順纏向下落時，沉肩、墜肘、鬆腕，使力點達於左小臂內側。右手隨著移重心轉體，向左催動時，含胸塌腰，沉右肩，使左小臂與右手構成合勁。只有做到鬆沉，才能使力點清晰；否則氣布周身，散亂無主，達不到技擊應有目的。

第十五式　回頭金剛搗碓

【動作一】接上式，身體下蹲，重心繼續左移，身體略左轉，同時右手順纏沉肘向左上穿，左手順纏內收，搭於右臂肘關節處。拇指在下，四指在上，面向西北，眼視左側前（圖2-63）。

【動作二】繼而鬆右胯，身體右轉，在轉體的一瞬間，右肘向右側發肘勁，面向北，眼斜視右側（圖2-64）。

【要點】

（1）右手逆纏向右發穿肘時，小指、無名指、中指內屈，食指、拇指變八字手，向內旋發肘勁。

（2）右臂發肘勁時，轉體發肘勁和跳起頓步發肘勁兩種演練方法均可。

圖2-63　　　　　　　　　圖2-64

【動作三】接上勢，身體略右轉，同時雙手右上左下向兩側分開（圖2-65）。繼而左手逆、右手順向體前劃弧相交，左手搭於右臂肘關節，掌心向下，右臂前伸右掌心向上，面向北，眼視前方（圖2-66）。

圖2-65

圖2-66

【要點】與第四式金剛搗碓動作五要點相同。

【動作四】接上勢，呼氣，右拳走上弧向裡合，提至鼻尖處，拳心向內，沉肩墜肘，含胸；同時右膝上提與胯平，與肘相對，右腳自然下垂，左腳五趾抓地。面向北，眼視右拳（圖2-67）。

圖2-67

圖2-68

【要點】與第四式金剛搗碓動作六要點相同。

【動作五】接上勢，呼氣，右拳、右腳放鬆，下落震腳，右拳落於左掌心內；拳、掌心皆向上，右腳下落後兩腳間距與肩同寬。平視前方，耳聽身後，虛領頂勁，氣沉丹田，含胸塌腰，面向北，眼視體前（圖2-68）。

【要點】與第四式金剛搗碓動作七要點相同。

第十六式　披身拳

【動作一】接上式，吸氣。重心漸漸移至右腿，同時提左腳，繼而向左側開步約30公分。兩手隨左腳橫開，向身體兩側分開。兩腕部突出，兩掌指尖相對。面向北，眼視右側（圖2-69）。

【要點】左腳向左橫

圖2-69

開時，身體微下蹲，兩襠鬆而扣，兩膝微外開。兩腳尖微外擺。氣往下沉，使力點達於兩腕部。周身皆成外掤勁。

【動作二】接上勢，繼續呼氣，重心隨即移至左腿。同時提起右腳，向身體右側橫開，兩拳變左下右上，身體快速左轉，腰勁塌下，兩腳踏平，十趾抓地，面向東北。眼視右側（圖2-70）。

【要點】身體左轉，鬆左胯，左腿屈膝下蹲，同時提起右腳向身體右側橫開一大步，以腳後跟內側先著地，向外鑱出，漸漸踏平。周身勁合為一體，此勢是插襠引進，有待發之意。

【動作三】接上勢，先吸氣，後呼氣。鬆右胯，給左胯，重心漸漸移至右腿，身體隨移重心向右轉。同時，右肘經右膝下繞過。左手隨身體右轉

圖2-70　　　　　　　　圖2-70（背面）

逆纏上抬至左腿上方眼視右側（圖2-71）。

【要點】重心由左向右移時，身體向右轉，鬆右肩，氣往下沉，右肘經右膝下邊時，有七寸靠之稱。肘要求離地面約23公分。此式為曲中求直。斜下時，頂勁要領起，中氣要豎起。重心右移時，左腳用力蹬地。右膝外開，有內合之意，面向東。但以健身為主時，身法可放高些。

【動作四】接上勢，吸氣，鬆左胯，給右胯，重心漸漸移至左腿。同時，身體隨重心左移向左轉，左手由上向下行至左胯外，右手由下向上引進至右側前。面向東北，眼視身體右側（圖2-72）。

【要點】重心向左移時，右腳用力蹬地，鬆左胯，給右胯，擰腰旋背，左膝略外擺，十趾抓地。

【動作五】接上勢，呼氣，重心繼續左移，身

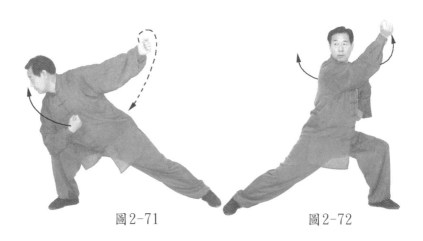

圖2-71　　　　　　　　　　圖2-72

體略左轉，然後重心右移，身體隨即向右轉，左臂屈肘內旋，左拳折腕合於腰間。同時，右手經身體左側向內轉，先順後逆纏翻拳，右背向後折，右拳落至右側上方。頂勁領起斜中寓

圖2-73

正，襠間撐開半月圓，眼神觀定左腳尖（圖2-73）。

　　【要點】重心向右移時，隨即擰腰翻拳，變背靠，轉折愈快愈好。身體左側內收，左腳尖裡扣，右膝微外擺。右拳、左肘、左腳尖三點成一直線。

第十七式　背折靠

　　【動作一】接上式，鬆左胯，給右胯，重心左移，身體左轉，在移重心轉體的同時，左拳協助右拳向左側引，面向東北，眼視右側（圖2-74）。

圖2-74

圖2-75

【要點】雙臂左引，要和移重心轉體協調一致，周身蓄合，蓄而待發。

【動作二】接上勢，繼而鬆右胯，給左胯，重心右移，身體右轉，在移重心轉體的同時，左臂協助右臂向右後發背靠勁，面向東北，眼視右側（圖2-75）。

【要點】

（1）此次移重心向左引進欲發背靠，轉體時要求快、速、猛、整方為合格。

（2）發擊時以彈抖勁為主，勁起於腳跟，行於腿，主宰於腰，達於右臂外側。

第十八式　雙推手

【動作一】接上式，吸氣，重心繼續右移，同時身體螺旋下沉，繼而身體右轉，雙拳變掌成捋狀搭於身體右側前，有捋之意。兩掌心向前，面向東北，眼視右側前方（圖2-76）。

圖2-76　　　　　　　　　　　　圖2-77

【要點】胸內含，氣往下沉，兩胯內扣，左腳
內側蹬地。同時鬆右胯，促使重心自然右移，在重
心右移的過程中，身體下塌。兩掌心向外，周身構
成外掤勁。

【動作二】接上勢，呼氣，右腳用力蹬地，同
時鬆左胯，身體螺旋下蹲向左轉，兩手由先變向下
捋，待右手欲捋到身體中線時，周身皆可放鬆，面
向西北，眼視右側前（圖2-77）。

【要點】在接手向下採捋時，周身氣往下沉，
右掌根繼而下合，切掌力達掌外沿，但注意立掌不
可外旋。在捋的同時左手向內旋轉，和右手相互配
合一氣呵成。

【動作三】接上勢，吸氣，鬆左胯，重心繼續
左移，同時身體左轉，右腳尖向內旋轉45°，左腳

尖向左外旋轉95°，兩手隨身體左轉晧，向身體左
側伸展。右手屈肘於胸前，左臂向左側伸展，兩掌
心向前。在重心左移，身體左轉的同時，右腳內側
蹬地而起，點於身體右前方，面向西南，眼視左手
（圖2-78）。

【要點】待捋完成後，身體漸漸放鬆，繼續向
左旋轉，兩腳也同時右內左外旋轉，繼而右腳蹬地
而起，兩臂也隨之擺於左側。形成待推之勢。

【動作四】接上勢，呼氣，鬆右胯，右腳漸漸
踏實，身體漸漸右轉，在身體右轉的同時，襠走下
弧將重心移至右腿，左腳劃外弧跟步點於右腳內
側，兩手隨左腳前上繼而向身體右側前方推出，面
向西，眼視前方（圖2-79）。

圖2-78　　　圖2-78（正面）　　　圖2-79

【要點】重心右移時，含胸塌腰，沉肩墜肘，周身氣往下沉，在呼氣的同時雙手向前推出。推出時胸繼續內含，背有後張之意，方能使身體前後對稱。左腳跟步時劃弧有外擺技擊用法。

第十九式　肘底看拳

【動作一】接上式，吸氣，重心不變，略鬆右胯，身體微左轉，舒胸，同時兩手向身體兩側左下右上伸展。右掌落於右側前，掌心向外，左掌落於左膝上方，掌心向下，面向西，眼視右側（圖2-80）。

【要點】在兩手向身體兩側分開時，左膝略外擺。右腳五趾抓地。襠要撐圓。

【動作二】接上勢，繼續吸氣，右腳五趾抓地。屈膝繼續下蹲，在身體右轉的同時提起左腳成獨立步。右手由上向下走外弧變握拳至右肋間，拳心向上。同時左手由下向上走外弧豎掌於身體左側。眼視左手（圖2-81）。

【要點】重心完全移至右腿時，右腳五趾用力抓地，腿微屈，含胸，頂勁領起，周身皆成

圖2-80

圖2-81　　　　　　　　圖2-82

合勁,使獨立步穩固。

【動作三】接上勢,呼氣,左腳尖漸漸落地,
點於左前方。重心略向左移。在重心左移的同時,
右拳隨身體左轉,向左肋下擊出。眼視左前方(圖
2-82)。

【要點】左腳點地的同時,右腳蹬地,身體繼
續下蹲,含胸、塌腰,氣往下沉,身體左轉,右拳
合勁向左肘下發暗勁。

第二十式　倒捲肱

【動作一】接上式,吸氣,身體下蹲屈右膝,
重心漸漸移至右腿,繼而提左腳,向左後方跨步劃
弧。右拳變掌,同時兩臂分別左後、右前伸展。面

圖2-83　　　　　　　　圖2-84

向東南，眼視左手（圖2-83）。

　　【要點】待右腿完全控制好重心後，左腳才能輕靈地向後跨出。落地時，左腳大拇趾先著地，然後漸漸踏實。左手由上向後伸展時，有外撥之意。右手有前推之勢。

　　【動作二】接上勢，呼氣，身體繼續下蹲，先左後右轉。重心略左移，兩手繼續向前後伸展。待雙手與肩展平時，左手折腕屈肘於左肩處。同時右側沉肩、墜肘，右手掌由前推變掌心向上，面向西，眼視右前方（圖2-84）。

　　【要點】此動作是開中寓合，合中寓開。待雙手向外伸開時，襠下蹲開圓，舒胸開臂，待兩手運行至與兩肩平時，繼而沉肩、墜肘、周身內扣，合

為一體。左手折腕是解脫之法。

【動作三】接上勢，吸氣，身體左轉，然後右轉，兩肩略內收，同時重心向左移，繼而右腳蹬地提起後點於右側前方。面向西，眼視右手（圖2-85）。

【要點】運動中始終保持虛靈頂勁，立身中正，在含胸、兩肩內收的同時右腳劃內弧線點於左腳前方。

【動作四】接上勢，呼氣，重心漸漸移至左腿，五趾抓地，繼續屈膝下蹲，然後提起右腳，向後方由內向外劃弧，隨即向右轉體。同時，兩手在胸前交叉，面向西，眼視前方，繼而不停地向身體前後兩側分開。面向東北，眼視右手（圖2-86）。

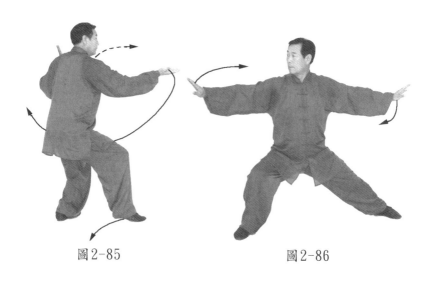

圖2-85　　　　　　　　圖2-86

【要點】與本式動作一要點相同。

【動作五】接上勢，吸氣，身體繼續下蹲，先右轉，後左轉，重心略右移，兩手繼續不停地分別向前後伸展。待兩手伸展至與肩平時，右手折腕屈肘於右肩處。同時身體左側沉肩墜肘，左手掌由前推變掌心向上。面向西，眼視左掌（圖2-87）。

【要點】與本式動作二相同。只是左右方向相反。

【動作六】接上勢，繼續吸氣，重心漸漸移至右腿，繼而提起左腿後撤點腳是一瞬間的轉換過程，繼而向後撤步於右腳內側，同時兩手隨身體左轉時一起變搭手於身體右側。面向西北，眼視右手（圖2-88）。

圖2-87　　　　　　　　　圖2-88

【要點】在身體左轉的同時，收左腳，兩手隨左腳後撤時，雙手同時搭於右前方。含胸，周身皆有外掤之意。

第二十一式　退步壓肘

【動作一】繼而重心完全移至右腳，然後提起左腳向左後弧線劃出，繼而重心左移，同時雙手左逆右順隨著向左移重心，漸漸向左側下捋，待右手捋到所需位置時，繼而向上托起，面向西南，眼視右前方（圖2-89）。

【要點】在雙手向左側捋時，腰勁下塌，扭腰擰襠，右掌坐腕切掌要與左掌逆纏變半握拳配合好，才能達到捋勁完整一氣。

圖2-89　　　　　　　圖2-89（正面）

【動作二】接上勢，重心略右移，身體略右轉，在身體右轉的同時，左手逆纏走外弧線變掌心向上，指尖向右，右手略逆纏向左，掌心向下與左手相交，面向西南，眼視前方（圖2-90）。

【要點】雙手在劃弧相交時，身體微向右轉，要做到身體下蹲，胸內含，兩小臂微內扣，兩大臂微有向外之意，意欲蓄而待發。

【動作三】重心略左移，身體略左轉，同時右手先順後逆纏走外弧線向左，然後向右前變掌心向下，指尖朝前，左手走內弧線小指領勁，無名指、中指依次內扣，輕貼小腹，掌心向上，面向西南，眼視前方（圖2-91）。

【要點】在身體向左略轉的同時，右手走外弧

圖2-90　　　　　　　　　圖2-91

線，左手走內弧線，要同時達到終點。在運行過程中，身體略下蹲，周身蓄合，胸內含，腰下塌，靜而待動。

【動作四】接上勢，重心先右移，然後左移，身體先右轉，然後左轉。在重心左右移動、身體右左旋轉的過程中，左手在小腹處先順後逆，旋腕隨內氣旋轉360°復回原處。同時右手先逆後順纏在右側劃立圓360°，復歸原處，面向西南，眼視右側前方（圖2-92）。

【要點】左右兩手旋轉360°是一致的，必須和內氣旋轉一致。在旋轉過程中，身體略有上、下起伏，身體的略微起伏是為了加快劃圓的速度，內含彈抖勁，速度要快，才能達到完整一氣。

圖2-92　　　　　　　　圖2-92（正面）

【**動作五**】接上勢，重心繼續左移，身體繼續略左轉，同時左手腕向內折，重心右移，左臂屈臂向前右下發肘勁，面向西，眼視前方（圖2-93）。

青少年演練時，兩腳跳起，繼而落地，在雙腳落地的同時，左臂屈臂向右前下發肘勁，右手內合與左肘小臂外側相合。

【**要點**】擊肘時腰勁下塌，勁往下沉，才能達到穩固擊發，青少年演練雙腳跳起是為了加大肘的爆發力，腳落擊肘要求同時到位。

第二十二式　白鵝亮翅

【**動作一**】接上式，繼而鬆左胯，給右胯，重心左移，在移重心轉體的同時，兩手左順右逆纏，

圖2-93　　　　　　圖2-93（正面）

左下右上，向身體兩側開，面向西南，眼視右手
（圖2-94）。

【要點】重心左移，雙手外開，要做到鬆肩、
舒胸，才能達到輕鬆圓活。

【動作二】接上勢，重心繼續左移，身體繼續
略左轉，左移重心轉體的同時，雙手左逆右順纏在
身體兩側劃弧後，在體前相交，同時右腳提起懸於
襠內，面向西南，眼視右側（圖2-95）。

【要點】在重心左移、身體左轉的同時，雙手
在兩側劃弧與提右腳應同時到位。

【動作三】接上勢，右腳提起是一瞬間停留，
繼而向右前上步。鬆右胯，給左胯，身體右轉，重
心右移，在轉體移重心的同時，雙手左下右上，向

圖2-94

圖2-95

身體兩側分開，同時左腳前上點於右腳內側，兩腳間距與肩同寬，面向西，眼視右手中指（圖2-96）。

【要點】

（1）右腳前上落地時，要做到輕靈著地，腳跟內側先著地，漸而踏平。

（2）重心右移，雙手向兩側開，上左腳要求同時到達，周身相隨，協調一致。

第二十三式　斜　行

【動作一】接上式，吸氣，身體微先右轉，後左轉約45°，重心仍偏右，右掌內旋時以小指領勁，勁達右掌根內側。左手隨即向左後方下按。左腳尖仍點地，面向西，眼視右手（圖2-97）。

圖2-96　　　　　　　　　　圖2-97

圖2-98

【要點】身體略先右後左旋，兩手皆隨之。此時身體略上升。這是欲下先上之理。

【動作二】接上勢，呼氣，身體繼續向上升，繼而下降，然後身體先左後右旋轉90°，並螺旋下沉，隨即重心左移，左腳漸漸踏實，右腳尖蹺起，以腳後跟為軸，向外旋轉約90°。同時，右手略順後逆纏下沉經腹前往右下，至右腿外側下按。左手逆纏外翻向上經左耳外約40公分處，裡合至鼻前中線，高與鼻平，掌心向右，立掌坐腕。面向西北，眼視左手（圖2-98）。

【要點】在周身放鬆的前提下，身體左轉時右肘裡合，然後由上向右下按時，正好是左手逆纏下按變上翻時，腰勁下塌，鬆右襠，右胯微撐，然後以腰脊為軸，兩手在身體兩側轉動，要做到一靜無有不靜，一動百骸皆隨。

【動作三】接上勢，吸氣，面向西。重心走下弧全部移至右腿，鬆右胯屈膝裡合，五趾抓地，左腿屈膝裡合上提，有上撞之意。同時左手向前領

勁，右手上抬，然後向右後方伸展，成将狀，面向西北，眼視左前，耳聽身後（圖2-99）。

【要點】兩膝內扣，右腳五趾抓地，腳內側偏重，湧泉穴要虛。在膝上提時，鬆右胯，含胸收腹，兩手向外将時，左手勁達掌沿。

【動作四】接上勢，繼續吸氣，鬆右襠，屈膝身體繼續下蹲。同時左手向前領勁，左腳輕輕向前鏟出，腳後跟內側先著地，兩手繼續向身後将，含胸、塌腰，身體上下有對拉之意，面向西北（圖2-100）。

【要點】身體下蹲時，正是兩手後将時，左腳落地後左膝蓋略外擺，兩襠鬆開，身體下蹲，勁達左手外沿和右手掌根。頂勁領起。上下一氣貫通。

圖2-99　　　　　　　　圖2-100

【動作五】接上勢，呼氣，身體繼續下蹲，重心由右向左移，兩手隨身體先向右微轉，然後側身向左轉，左肘從左下膝繞過，掌心向上，右手向後（圖2-101）。繼而左肘過膝後，屈指刁腕，沉肩墜肘。同時，右手先向後伸，然後由外向裡劃弧，屈肘，掌落於右耳處，掌心向左。面向西南，眼視左側（圖2-102）。

【要點】身體先略右轉，繼而腰隨兩腿移重心，側身一起向左轉，肘從膝下過時有七寸靠之稱，身體雖曲而中氣正。所以叫曲中求直。

【動作六】接上勢，先吸後呼氣，身體微向左轉，繼而右轉，同時右手先順後逆纏，經胸前走上弧向右開，待右手向右開展時且走且放鬆。待氣達

圖2-101　　　　　　　　圖2-102

右手中指肚時，氣往下降，全身合為一體，氣沉丹田，眼視右手中指（圖2-103）。

【要點】右手順纏劃弧經右耳旁時，勁達掌根，然後經胸前向右逆纏開展時，以腰催肩、以肩催肘、以肘帶手，有肘靠之意，開襠貴圓。使周身各部有輕鬆、自然之感。

第二十四式　初　收

【動作一】接上式，繼而不停地左勾手變掌，與右手同時由兩側走上弧向身體中線劃弧，雙手右下左上交叉於胸前，面向西，眼視前方（圖2-104）。

【要點】雙手向中線劃弧時，吸氣，含胸，雙

圖2-103　　　　　　圖2-104

肩放鬆內捲，同時做到手起，身蹲，上下形成對拉之勢。這樣鬆活、弧線運行，運動起來，感到輕鬆自然，氣血流暢。

【動作二】接上勢，左逆右順纏由兩側弧線下行，漸而變左前右後合於腹前，面向西，眼視體前（圖2-105）。

【要點】在雙手向下劃弧時，身體漸向下蹲，重心漸向右移；在雙手下行時，周身氣往下降，含胸、束肋，兩手欲有上托之意，同時重心略向左移。

【動作三】接上勢，繼而不停地重心右移，在右移重心的同時，雙手領住左腿一齊向上懸於襠內；右腿成獨立步，面向西，眼視前方（圖2-106）。

圖2-105　　　　　　　　　　圖2-106

【要點】等重心完全移至右腿時，雙手領住左腳繼而提起。但注意左膝上提時一定與含胸、收腹做到配合默契，右腿獨立才能穩固，周身才能協調一致。

【動作四】左膝繼續上提，在上提的同時，雙手向左腿前下按發勁，面向西，眼視前方（圖2-107）。

圖2-107

【要點】左膝上提時，正好是雙手下按時。在提膝的同時，要求含胸、收腹、吸氣同時到位，協調一致，才能發擊完整一氣。

第二十五式 前趟拗步

【動作一】接上式，繼而不停地身體右轉，隨著轉體，雙按手變向右下捋，雙掌心向下，指尖向右外，面向西，眼斜視右側（圖2-108）。

【要點】在轉體右捋時，周身勁往下塌，做到邊捋、邊蓄、邊吸，內外合一，不丟不頂，以順達自然為目的。

【動作二】接上勢，待左手捋到右肋時，身體

圖2-108　　　　　　　　圖2-109

略有下蹲之意，然後身體左轉。在左轉的同時，左腳由右向左前劃弧外擺，雙手隨身體左轉，由掤變左前右後在體前相交，左掌心向後，右掌心向前，繼而向前擠出，面向西，眼視體前（圖2-109）。

【要點】在身體向左轉時，左腳外擺要與雙手向上劃弧同時到達。左腳落地時以腳後跟先著地，此時正好是雙臂由後向前劃弧時，待左腳漸漸踏平時，正好是重心左移、左右兩手掌根相對，合勁向前擠出時。換言之，就是左腳漸漸踏實與移重心要同時到位，周身協調一致。

【動作三】接上勢，待重心向左移到所需位置時，繼而重心右移，再左移，在左移重心的一瞬間，提起右腳懸於襠內，面向西北，眼視右側（圖

圖2-110　　　　　圖2-110（正面）

2-110）。繼而身體略下蹲，右腳向隅角西北方向
跨步，同時雙手略內收，變左順右逆纏交叉外，左
手在外，右手在內，雙掌心向前，面向西北，眼視
右側（圖2-111）。

　　【要點】在右腳向右
側跨步的同時，左腳五趾
抓地，屈膝下蹲，在右腳
落地時，腳內側先著地，
有輕靈探聽之意。

　　【動作四】繼而鬆右
胯，給左胯，左腳用力蹬
地，重心右移，在右移重
心的同時，兩手隨著移重

圖2-111

圖2-112

心，向身體兩側展開，眼視右側。重心右移時，兩手隨移重心且移且開，待移到所需位置時，鬆左胯，重心略左移，將襠開圓，形成兩腿勁支撐八面為宜（圖2-112）。

第二十六式　斜　行

【動作一】身體先左轉後右轉，同時兩手以雙手順纏向左捋，繼而以雙逆纏向右捋，面向西南後向西北，眼視右前（圖2-113、2-114）。

圖2-113

圖2-114

【要點】身體左右轉時重心隨著左右移動，都是在一瞬間的轉換過程中，一閃而過，來完成平捋的。

【動作二】重心漸漸移至左腿，在移重心的同時，右手隨著右膝上提變豎掌於體前，左手由上向下劃弧落於左腿外側，掌心朝下指尖朝前，面向西，眼視右前方（圖2-115）。

【要點】此勢是在移重心、提右腿的前提下，兩手以雙順纏來完成的。在運動中，要求做到周身相隨，協調一致。

【動作三】接上勢，身體右轉，右腳繼而落地，同時左腳提起側向懸於襠內，在右腳下落的同時，右手向身體右側捋，左手螺旋上提與右手構成右捋勢，面向西北，眼視前方（圖2-116）。

圖2-115　　　　　　　　圖2-116

【要點】右腳落地、左腳提起一定要相互兼顧配合，內外一致。

【動作四】接上勢，鬆右襠，屈膝，身體繼續下蹲。同時左腳向前輕靈鏟出，腳後跟內側先著地。兩手繼續向身後将，含胸、塌腰，身體上下有對拉之意，面向西北，眼視左側前（圖2-117）。

【要點】與第二十三式動作四要點相同。

【動作五】接上勢，繼續呼氣，左肘繞左膝下外開（圖2-118），然後左手變勾手鬆腕上提，繼而沉肩墜肘。左腳尖外旋，右手逆纏屈肘於右耳下，眼視左手，耳聽身後，面向西南（圖2-119）。

【要點】與第二十三式動作五要點相同。

【動作六】接上勢，先吸氣，後呼氣，身體先

圖2-117　　　　　　　　圖2-118

圖2-119　　　　　　　　圖2-120

微向左轉，繼而右轉。同時，右手先順纏，後逆
纏，經胸前偏上向右開，以腰催肩，以肩催肘，以
肘領手。待右手向右開展時，且走且放鬆，待氣達
到右手中指肚時，鬆右胯、沉肩、墜肘、含胸、塌
腰，周身合為一體。氣沉丹田，面向西北，眼視右
側（圖2-120）。

【要點】與第二十三式動作六要點相同。

第二十七式　閃通背

【動作一】接上式，吸氣，鬆左胯，右腳用力
蹬地，繼而重心移至左腿。同時胸內含，兩手在身
體前搭住成捋狀，有外掤之意，兩掌心向外，左手
指向右，右手指向左。面向西北，眼視左前方（圖

2-121）。

【要點】重心全都移至左腿時，正是雙手形成
将狀時，此勢有先掤待将狀之勢，頂勁領起，腰豎
直，雙腿不可軟。

【動作二】接上勢，吸氣，面向西。鬆右胯，
屈膝下蹲，左腳用力蹬地，重心漸漸移至右腿。同
時身體向右轉，兩手隨重心右移時繼而下将，下将
時右手由內向外轉。左手先上領勁然後即向下劈掌
坐腕，面向西，眼視左前方（圖2-122）。

【要點】身體向右轉時，周身氣往下沉，含胸
塌腰，沉肩墜肘，頂勁領起，腰自然豎直。待向下
将時，右手抓住對方右手，左手搭於對方右大臂
處，先上領勁，然後隨左手外旋周身合為一體，一
氣呵成。

圖2-121　　　　　圖2-122

【動作三】接上勢，吸氣，身體繼續右轉，重心繼續右移，兩手隨身體右轉向右後方伸展，待右手捋到身體中線時，已完成右邊的大捋任務。同時身體螺旋上升，提起左腳向後倒步，左腳點於右腳內側。右掌心向左，左掌心向右，面向西，眼視前方（圖2-123）。

圖2-123

【要點】在身體螺旋上升時，同時提起左腳，兩手隨之由後向前劃弧，劃弧時應注意胸、腰、臂、肘放鬆，使運動靈活協調，一致旋轉。

【動作四】接上勢，呼氣，面向西。身體不停地旋轉，左腳由內向外劃弧跨步，前腳掌先著地，後漸漸踏平。同時身體下蹲，兩手隨身體下蹲時，左手由內向外旋轉，右手劈掌，同時向左下方捋出，此時含胸塌腰，沉肩墜肘，劈掌坐腕，面向西南，眼視右前方（圖2-124）。

【要點】用法左右相同，只是方向有一左一右的區別。

【動作五】接上勢，吸氣，左膝外擺，身體先

圖2-124

圖2-124（正面）

左後右轉，同時兩手繼續向左捋出，待右手捋到身體中線時，身體螺旋上升，繼而右轉，重心右移。右手由左向上劃弧落於右腿上方，有外掤之意。左手落至左腿外側處，面向西南，目視右前方（圖2-125）。

【要點】身體下蹲，劈掌下捋後，繼而放鬆，隨著右膝外擺不停地向右旋轉，待右手捋到身體中線時，左腳蹬地，身體螺旋而起，繼而重心

圖2-125

右移，同時鬆右臂，右手劃弧向身體右側外撥。

【動作六】接上勢，繼續吸氣，面向西。身體繼續右轉，重心繼續右移，兩手不停地在身體兩側左上右下劃弧旋轉，待左手上起時，左腳隨之蹬地而起，落於右腳後側。右手落於大腿外側，左手立掌於身體左側。眼視左前方（圖2-126）。

圖2-126

【要點】左腿提起的同時鬆右胯，右腳五趾抓地，屈膝略下蹲。此勢以腰為主宰來帶動兩手旋轉，周身協助右腿穩固重心，在沉肩、墜肘、含胸、塌腰的基礎上，周身皆成合勁。

【動作七】接上勢，繼續吸氣，重心完全移至右腿，身體繼續屈膝下蹲，同時左腿向左前方上步，以腳後跟先著地，待左腳上步時，左手下按，右臂屈肘於腰間，掌心向上，面向西，眼視前方（圖2-127）。

【要點】為明確動作的連貫性，動作六左腳著地繼而不停地向前上步，在上步的同時，身體下

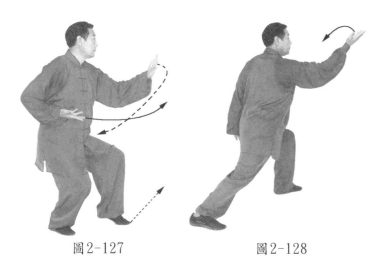

圖2-127　　　　　　　　圖2-128

蹲，右腳五趾抓地，將重心完全穩固後，左腳才能
輕靈地向前邁步。待左腳著地後，鬆兩胯，胸含內
收，如靈貓捕鼠之勢，待機擊發。

【動作八】接上勢，吸氣，重心走下弧移至左
腿，待重心左移時，身體繼而左轉，同時兩臂左下
右上運轉，右手沉肘穿掌於右前方，左手按至左腿
外側，面向西，眼視右前方（圖2-128）。

【要點】重心前移時，含胸、塌腰、周身下沉
合住勁，然後右腳蹬地，鬆左胯，左腳繼而踏實。
扭腰，旋臂，向右前方抖勁發力。勁達指尖。但也
可慢慢走暗勁穿掌。

【動作九】接上勢，吸氣，鬆右胯，身體右轉
螺旋下蹲，重心漸漸右移，在身體右轉時，右手外

圖2-129　　　　圖2-130　　　圖2-130（正面）

翻。左手置於左腿上方。面向東北，眼斜視右手上方（圖2-129）。

【要點】在身體右轉時，以右臂領勁，扭腰旋胯，右手掌突然外翻。同時左手由下按變掌心向右，舒胸，兩手變左合右外掤。

【動作十】接上勢，呼氣，重心走後弧左移，右腳蹬地而起，同時身體向右繼續旋轉90°，提右膝收小腹，右腳自然下垂，右手落於右大腿外側，掌心向內，左手屈肘豎掌落於耳外側。頂勁領起，面向東，眼視前方（圖2-130）。

【要點】重心走後弧旋轉時，身體螺旋下蹲，右腳蹬地後掃時，應利用慣性，使身體旋轉180°，此時應注意頂勁領起，掌握身體平衡。

第二十八式 掩手肱拳

【動作一】接上式，吸氣，鬆左胯，屈膝螺旋下蹲，同時右腳慢慢著地，兩手左上右下在體前交叉，含胸，氣往下沉，兩手和兩掌根皆下沉，面向東，眼視前方（圖2-131）。

【要點】左腳五趾抓地、屈膝下蹲的同時，氣往下沉。右腳落地時，頂勁領起，全神貫注，周身合為一體。

【動作二】接上勢，呼氣，重心漸漸前移，同時提左腳向左側前45°上步。重心仍偏右，兩胯鬆開，兩膝略內扣，面向東，眼視身體前方（圖2-132）。

圖2-131

圖2-132

【要點】重心右移時，右腳五趾抓地，屈膝下蹲。左腳抬起時，收小腹，含胸、塌腰，以左腳後跟著地，漸漸踏平。

【動作三】接上勢，吸氣，身體繼續下蹲，舒胸，鬆兩胯，兩膝微外開。襠根略內扣，同時兩手向身體兩側展

圖2-133

開。左掌心向下，右掌心略向外，面向西南，眼視右手（圖2-133）。

【要點】與第十五式動作二要點相同。

【動作四】接上勢，繼續吸氣，面向東。兩手在身體兩側展平後，繼而鬆兩襠，兩膝內扣。同時，兩手腕放鬆，兩肩放鬆後立即內合。胸內含，兩手在鬆腕的前提下，走上弧向身體中線合。左手豎掌在前，右手在後，變拳握於胸前，目視正前方（圖2-134）。

【要點】與第十五式動作三要點相同。

【動作五】接上勢，呼氣，面向東。右腳用力蹬地，同時扭襠轉腰，在重心前移的同時，右拳前

圖2-134

圖2-134（正面）

圖2-135

衝，左手變半握拳。隨肘尖向後，身手一齊俱下，抖肩發勁，面向東，眼視右拳（圖2-135）。

【要點】與第十五式動作四要點相同。

第二十九式　全炮拳

【動作一】接上式，吸氣，重心全部移至左腿，隨即提起右腳，在重心左移時，身體略右轉，

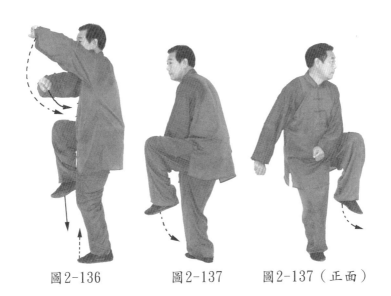

圖2-136　　　　圖2-137　　　圖2-137（正面）

同時右拳內收於體前，左臂略屈，左拳抬至左側上方，眼視左側，面向東北（圖2-136）。

　　【動作二】接上勢，呼氣，右腳震腳落地，隨提起左腳，身體略下蹲，眼視左側，面向東北（圖2-137）。

　　【動作三】接上勢，吸氣，右腿屈膝下蹲，左腳繼而向左前方邁出，身體右轉，兩拳向右下引，且下沉，眼斜視左前方，面向東北（圖2-138）。

　　【動作四】接上勢，呼氣，身體繼續右轉，兩手繼續右引下沉，待左手引到身體中線時，繼而鬆左胯，右腳用力蹬地，兩臂隨重心左移向左發背靠勁，眼斜視左側，面向東（圖2-139）。

圖2-138　　　　　　　圖2-138（正面）

圖2-139　　　　　　　圖2-140

【動作五】接上勢，吸氣，重心向後全部移至右腳，隨即提起左腳，身體略左轉，兩臂右前左後，左拳收於胸前，右拳伸向右前方，眼斜視西南，面向東北（圖2-140）。

【**動作六**】接上勢，呼氣，左腳震腳落地，隨即抬起右腳，兩拳略內收，眼視右側面，面向東（圖2-141）。

【**動作七**】接上勢，吸氣，左腿屈膝下蹲，繼而右腳向右前方邁出，同時兩臂隨身體左轉，向左側引進，眼斜視右側，面向東（圖2-142）。

圖2-141

【**動作八**】接上勢，呼氣，鬆右胯，左腳用力蹬地，兩臂隨身體右轉，待右手引至所需位置時，繼而向身體右側發背靠勁，眼斜視右側，面向東南（圖2-143）。

圖2-142

圖2-143

圖2-144

【要點】此式向兩側發背靠勁是連續跳躍動作，襠勁要領起，扭腰旋背，先蓄後發，力點要清，達到鬆活彈抖，上縱輕靈，下落穩固為宜。

第三十式　掩手肱拳

【動作一】接上式，提起右腳，雙拳變掌，向身體兩側外開後向上劃弧，再右手變拳與左掌在體前相交，右拳頂向下，左掌心斜前下，指尖向右，面向東，眼視正前方（圖2-144）。

【要點】此勢是以雙手各自在各邊進行兩順一逆纏在胸前交叉的，在兩臂旋轉中一定要做好鬆肩活腕，左拳在第三次變順纏時由拳變掌，同時右腳隨之提起懸於襠內，這樣運動起來才能柔活順達。

【動作二】繼而不停地鬆左胯，屈膝下蹲，同時右腳隨著左腿下蹲向下直踩發勁，左手護著右拳一齊向下發栽拳，面向東，眼視體前（圖2-145）。

【要點】右腳向下震腳時，心氣隨之一齊下降，做到左重則左虛，右重則右渺。腳五趾輕微抓地，湧泉穴要空，這樣在下踩時才能與地面接觸後發生反彈力，久練後腿部各關節才不易受傷。

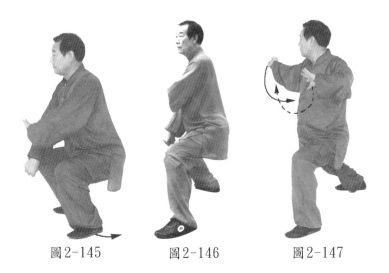

圖2-145　　　　　圖2-146　　　　　圖2-147

【動作三】繼而不停地重心完全移至右腿，同時提起左腳向左側前東北方邁出（圖2-146）。左腳落地後，漸而重心左移，在重心左移的過程中，右臂以肱骨或右拳背順纏向右開擊。同時左手順纏上起，待左手背輕貼在左胸時左肘隨之向左側外開擊，面向東南，眼視右拳（圖2-147）。

【要點】在左腳落地、重心左移的過程中，兩臂同時向兩側開擊，開擊時要做到舒胸，勁宜快，並含彈抖跡象。

【動作四】繼而不停地左肘內扣，左腕內折，同時右臂內旋，以右拳內側裡扣，然後從左肘下繞過略內收，此時面向東，眼視左側前（圖2-148）。

【要點】在雙臂、雙腕，內扣、內折的同時，

圖2-148　　　　　　　　圖2-149

重心略向右移，同時胸內含，身體略下蹲，雙肩內
捲，雙背略外翻。只有這樣才能增大周身的開合幅
度和四肢、腰脊的纏絲勁。

　　【動作五】繼而不停地重心繼續右移，在移重
心的同時，左掌向左側前開，右肘向右後方開。待
左掌、右肘前後開擊到所需位置時，兩臂徐徐向身
體兩側展開，眼視方向是先左後右（圖2-149）。

　　【要點】在左掌、右肘向前後兩側開擊時，重
心繼續略左移。此時，舒胸略下蹲，周身內外俱
開，開勁分兩股而出：一股向前達於左掌，另一股
向後達於右肘尖。雖然勁分兩股而出，但實屬一勁
（開勁）。

　　【動作六】同第二十八式動作四（圖2-150）。

圖2-150　　　　　　　　圖2-150（正面）

【要點】同第二十八式動作四的要點。

【動作七】繼而不停地鬆左胯，給右胯，右腳蹬地，重心左移。在向左移重心的同時，身體左轉，左肘向左後帶，同時右拳向右前逆纏直衝，面向東，眼視右前方（圖2-151）。

【要點】掩手肱拳是在意念的指導下，在以意引氣、以氣催形、形到意止的三者默契配合下完成的。勁起於腳跟，形於腿，主宰於腰，達於梢節，並協同

圖2-151

撐襠、扭腰、抖肩、發拳，才能達到快速有力，力點清晰。

第三十一式　上挑肘

【動作一】接上式，掩手肱拳將終，繼而鬆右胯，重心右移，在移重心的同時，右臂屈肘略上翻，面向東，眼斜視右肘（圖2-152）。

【要點】重心右移時，左腳先蹬地，鬆右胯，給左胯，右肘上翻，繼而下沉，這是個循環過程，要與移重心同時到位。

【動作二】接上勢，繼而不停地鬆左胯，給右胯，重心左移，在移重心的過程中，右腳提起前上，繼而右肘向上發上挑肘，面向北，眼斜視右上（圖2-153）。

圖2-152　　　　　　　圖2-153

【要點】

(1) 重心左移時，鬆左胯，給右胯，在移重心的過程中右腳提起前上。

(2) 發上挑肘時，以腰為界，上下形成對拉之勢，這樣才能形成下盤穩固，力點更加清晰。

(3) 在發上挑肘時，左腳腳跟先向內側旋轉45°左右，使身體上下形成順達，勁力發揮才能更加威猛。

(4) 發上挑肘是在右腳落地的一瞬間發出的，也就是上右腳，左腳外擺，發上挑肘，同時到位。

第三十二式　穿心肘

【動作】接上式，重心右移，身體右轉，繼而左轉，在右轉的同時，提起左腳向左側跨步，待左腳落地的一瞬間，右腳提起在右側前劃一小弧後，點於左腳內側，同時右肘由右向左走外弧，然後向左引，面向東，眼視右側（圖2-154）。繼而重心完全移至左腿，右腳提起向右側跨步，在右腳落

圖2-154

圖2-155

地的一瞬間，左腳跟步頓足，同時左手輕握右手腕，隨著頓步向右轉體，右肘向右側發穿心肘，面向東北，眼視右側（圖2-155）。

【要點】左腳向左跨步，右腳點地與右肘劃弧左引要做到同時到位，雙臂右主左副，在向右側發肘勁時，左手輕握右手腕，起輔助作用。舒胸，勁宜短、宜速、宜疾。

第三十三式　雙開肘

【動作一】接上式，繼而重心略右移，身體略右轉，在移重心轉體的同時，左腳提起向左側跨步，繼而重心左移，身體左轉，在移重心轉體的同時，右腳提起向右側前劃一小弧後點於左腳內側，右肘隨著右腳劃弧，由右向左走外弧向左引，落於體前，面向東，眼視右側（圖2-156）。

【要點】與第三十二式動作要點相同。

【動作二】接上勢，右腳提起向右跨步，待右腳將要落地時，雙肘左逆右順纏向身體兩側發雙開

圖2-156　　　　　　　　圖2-157

肘，面向北，眼視右側（圖2-157）。

【要點】雙肘向兩側開擊時，頂勁領起，舒胸，勁宜短、宜疾。在發擊時基本成馬步，無須左右偏重。

第三十四式　白猿獻果

【動作一】重心左移，身體右轉，在左移重心、向右轉體的同時，右腳內收點地，右拳順纏向後落於右膝上方，面向東北，眼視右側前方（圖2-158）。

【要點】此勢是白猿獻果的過渡動作，身法比較

圖2-158

圖2-159

高，但此勢是含蓄待發之勢。

【動作二】接上勢，右腳不動，重心右移，在移重心的同時，右拳順纏向右上方擊出，面向東北，眼斜視右拳（圖2-159）。

【要點】在技擊方面，白猿獻果是一個近距離技擊用法，所以右拳無須伸得太長。右拳上擊時，身體上下形成對拉之勢（以腰為界，腰以下向下降，腰以上向上升，但中氣略上提，上提不可過，過則有失重心之危）。

第三十五式　單　鞭

【動作一】接上式，重心左移，身體右轉，繼而右移，身體左轉，在向右移重心、轉體的同時，右拳內屈逆纏翻腕向右側下擊，面向西北，眼視右側（圖2-160）。

【要點】重心先左移，後右移，身體先右轉，後左轉，都是為了協助右拳內屈，順利向右下擊出為目的，下擊時要求立身中正，不可前探。

圖2-160　　　　　　　圖2-161

【動作二】接上勢，重心完全移至右腿，在移重心的過程中，右拳變屈指刁腕上提，同時提起左腳懸於襠內，面向西北，眼視左側（圖2-161）。

【要點】右手屈指刁腕上提時，沉肩墜肘，左腳上懸時，含胸、塌腰、鬆胯、屈膝、收小腹，右腳五趾抓地，穩固重心。

【動作三】接上勢，繼續吸氣，身體微屈膝下蹲，左肩繼續微內收。同時左腿繼續上提，然後向身體左側鏟出，腳後跟內側先著地。面向西北，眼視左側（圖2-162）。

【要點】同第七式動作四要點。

【動作四】接上勢，呼氣，腰微右轉，鬆右胯，重心走下弧左移，左手走上逆纏，高於眼時變

圖2-162

圖2-163

順纏，隨重心漸漸向左側開展。鬆肩、沉肘、身體繼續下蹲，兩手略變順纏下落。右腳尖隨重心左移時向裡勾，雙目斜視左手，氣沉丹田成合勁（圖2-163）。

【要點】同第七式動作五要點。

第三十六式　雀地龍

【動作一】接上式，吸氣，鬆左胯，重心繼續左移，身體隨之左轉，左掌變拳，左臂屈肘走上弧線內收，同時右勾手變拳走下弧，由右向左。兩拳同時在身體左側相交。左上右下，右拳心向上，左拳心向下，面向西，眼視左側前方（圖2-164）。

圖2-164

圖2-165

【要點】在周身下蹲的同時，沉肩、墜肘、含胸、塌腰、兩肩略內扣，氣往下沉，雙拳交叉時周身成合勁。

【動作二】接上勢，呼氣，左腳用力蹬地，鬆右胯屈膝下蹲，重心漸漸移至右腿，同時兩拳左下右上向身體兩側螺旋伸展，展開後左拳心向上，右拳心向左，面向西，眼斜視左側前方（圖2-165）。

【要點】待重心右移時，右膝先外擺，襠才能鋪下去（但要根據各人的身體條件而定）。最好左腿肚能貼著地面。身體略前傾，有上衝之意。

第三十七式　上步七星

【**動作一**】接上式，襠勁領起，右腳用力蹬地，鬆左胯，重心左移，左腿漸成前弓步，左拳隨重心前移由下向上變衝拳。右拳由上落於右胯外側。面向西，眼視左側前（圖2-166）。

【**要點**】重心前移時，正好是兩拳左上右下時，左拳上衝，有擊打對方下頦之意。

【**動作二**】接上勢，重心繼續前移，左拳由衝拳變向裡合，同時右腳蹬地前上，點於右側前；右拳搭於左拳外側，雙拳心向裡，面向西，眼視體前（圖2-167）。繼而雙拳內旋翻腕，變雙掌心向前繼而發擊，面向西，眼視體前（圖2-168）。

圖2-166

圖2-167

【**要點**】上步七星之後，左拳領勁前衝，右腳蹬地前上，雙拳向內旋翻腕時胸內含，變雙掌向前時右腳頓步，雙掌隨著頓步向體前發勁。

圖2-168

第三十八式　下步跨虎

【**動作一**】身體向右轉90°，在轉體的過程中，雙手內旋360°。變豎掌於胸前，左掌心向右，右掌向左，同時提起右腳懸於襠內（圖2-169），繼而向下震腳，雙手腕根節隨著向下發採勁。面向北，眼視前方（圖2-170）。

圖2-169

圖2-170

【要點】

（1）雙手隨著身體旋轉，漸漸內旋，到面向北時，雙手旋轉正好結束。

（2）右腳與雙手的下震下採時，周身氣往下降，含胸束肋，沉肩墜肘，使力點更加清晰。

（3）震腳時做到左重則左虛，右重則右渺。

（4）右腳與雙手向下震採時，是在向右轉到所需位置時直接完成的，無須停留後再去震腳。

（5）震腳時兩腳間距與肩同寬，氣往下注，沉肩墜肘，含胸塌腰與震腳同時進行，要求完整一氣。

【動作二】重心右移，兩手繼而不停地左順右逆纏向身體兩側分開，面向東北，眼斜視右側（圖2-171）。

圖2-171

【要點】雙手下採將終的一瞬間，重心右移，同時雙手左順右逆走下弧向兩側外分，此時舒胸，兩臂略外撐。

【動作三】繼而提起左腳向右側上步，以腳尖點地，兩手隨之左逆右順纏合於胸前，右

上左下，左掌心向右，右掌心向左，面向東北，眼視正前方（圖2-172）。

【要點】待重心完全移至右腿時，左腳提起，向右前上步與雙手在體前合擊，要求同時到位，兩肘兩肩略內扣，含胸塌腰，氣往下降。

（1）雙手向兩側面分開時吸氣，身體漸蹲漸開。

圖2-172

（2）雙手向身體中線合時，呼氣，左腳向左點地時，正好是雙手在胸前合到所需位置時。

【動作四】接上勢，吸氣，鬆右胯，身體繼續略下蹲，然後身體右轉，右轉時左腳尖與右腳跟著力，繼而左腳踏平，右腳尖蹺起。在身體右轉時，兩手左下右上向身體兩側分開。左掌心向下，指尖朝前，右臂略屈肘於右前方，掌心向前。眼視右前方（圖2-173）。

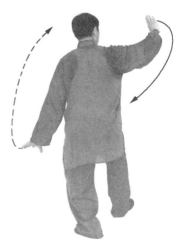

圖2-173

圖2-174

【要點】在屈膝鬆胯、身體右轉的同時，以左腳尖、右腳跟為軸旋轉。同時用腰胯帶動兩臂向身體兩側伸展。舒胸鬆肩，頂勁領起。此動作也是大開大合的動作。

【動作五】接上勢，吸氣，鬆右胯，重心走下弧完全移至右腿。在重心右移的同時，身體向右轉，繼而左腳蹬地而起，左手領左腿向身體右側旋轉180°，左腳點於左側前，兩手隨著身體旋轉時變挒狀。面向南，眼視左手（圖2-174）。

【要點】身體向右旋轉時，且轉且下蹲，在左腳內側著地時，兩手左快右慢向身體右側挒。同時右膝向外擺，兩襠開圓。腰勁下塌，頂勁領起。保持身體中正，且忌凸臀。

第三十九式　雙擺蓮

【動作一】接上式，繼續吸氣，鬆左胯，給右胯，重心移至右腿，提起左腿向前鏟出的同時，兩手由挒向下落於身體右側成挒狀，兩掌心向外。面向東北，眼視右側（圖2-175）。

【要點】重心右移時，正好是身體向右轉、兩手向右伸展時，左半身體是前開勁，右半身體是蓄勁，此為開蓄併合。

【動作二】接上勢，呼氣，待重心完全移至左腿後，提起右腳，點於左腳內側（圖2-176）。繼而右腳向左上方踢起，隨即不停地扇形向右擺。待右腳行至身體中線

圖2-175

時，左、右手拍擊右腳外側。面向東北，眼視左前方（圖2-177）。

圖2-176

圖2-177

【要點】右腿向上踢起，襠勁要向上領起。右腳擺到身體中線時，正好與兩手成合勁拍擊兩響，聲音相連。擺腳要求速度快，力點清晰，發力乾脆。切記右腿上擺時，身體不可上拔。

第四十式　當頭炮

圖2-178

【動作一】接上式，吸氣，擺腳將終，右腳徐徐下落，兩手掌皆偏向左，面向北，眼視左側（圖2-178）。

【要點】右腳下落時，左腿屈膝下蹲，左腳五趾抓地。兩手與右膝略向上領勁，保持左獨立步的平衡。

【動作二】接上勢，呼氣，左腿繼續屈膝下蹲，同時右腳向右後撤步，以腳後跟內側先著地。在右腳下落的同時，兩手左前右後向身體左側掤出成捋狀。面向北，眼視左前方（圖2-179）。

【要點】擺腳後，右腳不停地下落時向右後撤步。

【動作三】接上勢，繼續呼氣，鬆右胯，身體螺旋下蹲，重心移至右腿，兩手隨身體右轉由捋變

圖2-179　　　　　圖2-180　　　　　圖2-181

引，待左手行至身體中線時，兩掌變拳。右拳置於右腿上方，拳心向下，左拳行至小腹前，拳心向右，面向北，眼斜視左前方（圖2-180）。

【要點】重心向右移時，兩手隨重心同時向下捋，右手以小指領勁，由外向內轉，左手逆纏切掌，待兩手變拳時身體繼續下蹲成引勁，頂勁領起，腰脊豎直，周身上下相合。

【動作四】接上勢，先吸後呼，鬆左胯，右腳用力蹬地重心左移，身體左轉，兩臂隨身體左轉，向左側發力，左臂屈肘，變拳心向上，右臂屈肘，變拳心向下。面向北，眼斜視左側（圖2-181）。

【要點】左臂向左後發彈抖背靠勁，發勁時身體略螺旋上升，圈愈小愈好，發力要完整一氣。此

動作要做到上下配合，發勁有上下對拉之意。要求
勁力專注一方。

第四十一式　金剛搗碓

【動作一】接上式，吸氣，鬆右胯，左腳蹬
地，重心右移，左腳尖點於右腳內側。同時兩拳變
掌隨身體右轉，兩手由左向右捋，兩掌心皆向右
側。面向東北，眼視左前方（圖2-182）。

【要點】背靠將終，重心先左後右移，其他皆
與第四式金剛搗碓動作二要點相同。

【動作二】接上勢，先吸氣，後呼氣，鬆右胯
屈膝下蹲，提左腳，向左前方鏟出，腰向右轉（圖
2-183）。同時左腳尖外擺，兩手隨重心走下弧從

圖2-182

圖2-183

右側向左前擠出。左掌心向裡，左臂成橫肘於胸前。右掌心向外變垂掌置於右膝外側，指尖向下，面向北，眼視前方（圖2-184）。

【要點】與第四式金剛搗碓動作三、四要點相同。

【動作三】接上勢，吸氣，重心繼續左移，左腳用力蹬地，隨即提起右腿前上，將右腳尖點於右側前。隨著重心前移，左手由下向上走外弧，然後向內搭於右小臂中間，掌心向下，右手隨右腿前上，屈肘於身體右側前方和左手相交，掌心向上。含胸，左右構成合勁（圖2-185）。

【要點】與第四式金剛搗碓動作五要點相同。

【動作四】接上勢，吸氣，右掌變拳走上弧向

圖2-184

圖2-185

裡合,提至鼻端上下處,拳心向裡。同時左手下落,由掌心向下變掌心向上,與肚臍平,沉肩墜肘,含胸塌腰,略收小腹,右拳上提的同時右膝蓋上衝於右胯上下處,與肘尖相對,右腳自然下垂,左腳五趾抓地,面向北,目視前方(圖2-186)。

【要點】與第四式金剛搗碓動作七要點相同。

【動作五】接上勢,呼氣,右拳、右腳放鬆下落震腳。右拳落於左掌心內,兩腳間距與兩肩同寬。震腳時湧泉穴要虛。保持虛領頂勁。含胸塌腰,氣沉丹田,面向北,兩眼平視前方,耳聽身後(圖2-187)。

【要點】與第四式金剛搗碓動作八要點相同。

圖2-186

圖2-187

第四十二式 收 勢

【動作一】接上式，吸氣，鬆兩胯，兩膝微屈，同時兩手屈腕向身體兩側分開。兩掌心向內，指尖相對，眼視前方（圖2-188）。

【要點】鬆胯屈膝下蹲時，正是兩臂外開時。要求身體中正，舒胸，勁達兩腕外側。

【動作二】接上勢，繼續吸氣，兩手不停地由下向上在身體兩側劃弧，待兩臂伸展時，面向北，眼視前方（圖2-189）。繼而屈肘向頭部兩側合攏。兩手下落，與兩肩平時拳心向下，眼視前方（圖2-190）。

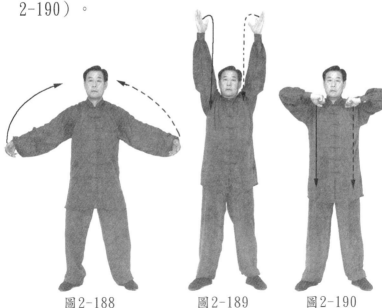

圖2-188   圖2-189   圖2-190

圖2-191

【要點】兩手在身體兩側繼續伸時，兩腿緩緩站起，身體隨之上升，雙手變拳下落時，吸氣。

【動作三】接上勢，呼氣，兩腿屈膝下蹲，同時兩拳變掌緩緩向身體兩側外旋下按，落於兩胯外側，兩掌心向下，指尖向前。面向北，眼視前方（圖2-191）。

【要點】動作二、三屬於長吸、長呼氣。金剛搗碓之後，兩手向兩側分，然後雙臂向上抬起，繼而雙掌變拳下落於兩肩處，皆是吸氣，將氣下嚥，注入丹田。稍停之後，再隨身體下蹲，雙拳變掌下按時，才漸漸呼氣，故曰是長吸、長呼氣。

圖2-192

【動作四】接上勢，吸氣，收回左腿成立正姿勢。同時兩手由下按變兩掌心輕貼兩腿外側，面向正北。眼視前方（圖2-192）。

【要點】與第一式要點相同。圖2.192是為適應表演需要而面向北收勢，正常練習時應該回歸到面南背北。

第三章

太極拳散手圖解

一、太極拳散手動作名稱

第 一 式	預備勢	第二十一式	攔腰肘
第 二 式	關公解帶	第二十二式	閃戰雙推掌
第 三 式	退步下按掌	第二十三式	前栽靠
第 四 式	上步雙震掌	第二十四式	側肩靠
第 五 式	右捌勁	第二十五式	黑虎掏心
第 六 式	左回勁	第二十六式	右手下砸拳
第 七 式	回頭後穿肘	第二十七式	旱地拔蔥
第 八 式	上挑肘	第二十八式	前胸靠
第 九 式	下採肘	第二十九式	雙合拿
第 十 式	穿心肘	第 三十 式	轉身掩手拳
第十一式	雙開肘	第三十一式	左右背折靠
第十二式	背折靠	第三十二式	倒插
第十三式	閃戰勁	第三十三式	左撩右斬
第十四式	下砸拳	第三十四式	擊三拳
第十五式	迎門靠	第三十五式	轉身搬攔拳
第十六式	濺靠	第三十六式	翻身下砸拳
第十七式	掛肘	第三十七式	順水推舟
第十八式	立肘	第三十八式	閃驚捋
第十九式	雙風貫耳	第三十九式	張飛送客
第二十式	左背靠	第 四十 式	窩底炮

第四十一式　斬手　　　第四十五式　當門炮
第四十二式　雙開掌　　　第四十六式　雙扣肘
第四十三式　金鉤掛玉　　第四十七式　退步後擊肘
第四十四式　劈胸掌　　　第四十八式　收勢

二、關於太極拳散手圖解的 幾點說明

（1）本書中的太極拳散手，是陳式太極拳第18代傳人陳照奎老師在20世紀70年代回鄉傳授的。以前都是代代親傳密授研練，由於當時所學動作比較繁雜零亂，經過數十年的實踐經驗總結，將其編寫成套路。書中套路照片是由作者演練而拍攝的。

（2）按照前人習慣，南屬陽剛，北屬陰柔，太極拳散手屬剛中寓柔，故定為面南背北，左東右西。熟練後，無論是起勢還是收勢，皆根據場地而定，隨機應變。

（3）本書圖中散手動作定勢時都注有方向，以便讀者對照學習。

（4）太極拳散手動作比較剛猛，每招每式皆是在放鬆的基礎上，配合呼吸發擊的，切不可僵硬勉強，不可急躁。否則徒勞無益。

（5）本套路，不再在圖中標示其運動趨向，參看文字即可明瞭。

三、太極拳散手動作說明

第一式　預備勢

【動作】雙腳站立，兩腳距離與肩同寬，兩腳趾輕微抓地，重心保持平衡，百會穴向上輕輕領起，含胸塌腰。二目平視正前方，面向南（圖3-1）。

圖3-1

圖3-2

中關羽的絕招。具體的演練方法是：如有人從我身後突然抱住我腰，妄想將我抱起摔倒。我速氣往下行，身體下蹲，在氣往下行、身體下蹲的同時，雙手以小指、無名指、中指合力將彼小臂向上提，定能化險為夷，面向南，眼視前方（圖3-2）。

【要點】

（1）雙腳平行站立，兩手輕搭於彼手處，意欲解脫（圖3-3）。

（2）在彼從身後抱住我腰的一瞬間，內氣宜鼓盪不宜弱。身體下蹲，氣向下行，雙手向上提，要做到完整一氣，切不可一側不動，速度宜快不宜慢。雙手上提時做到含胸塌腰、聳肩拔背，使身體上下形成對拉之勢，解脫方能更加俐落。但應注意，勁雖然上下兩股運行，但實屬一氣、上下一脈相承。解脫時身法的高低，要視彼身法的高低而定，彼個子低，己身法要大，彼個子高，己身法要小。總之，步法要寬大穩固，勁力要完整，身法上下對拉要清晰（圖3-4）。

圖3-3

圖3-4

圖3-5

（3）解脫後，身體右轉速度要快，發肘力點要清晰，勁力要完整，右肋處做到上下對拉，筋肌才能放長。解脫後向後發肘時，如彼個子高，可用肘尖擊彼，彼個子低，可用大臂橫向發擊。無論何處發擊，均無定向，只能審時度勢而定，全憑自然反應，否則易受制於人（圖3-5）。

心氣積聚堅如鐵，下蹲氣滾背外翻。
忽然下個千斤墜，兩手一提化雲煙。
回頭一看乍起肘，擊中彼時方撒手。

第三式　退步下按掌

【動作一】若彼進步以雙手推我小腹，我速左腳向身後倒步約60公分，在左腳落地的一瞬間，我雙手指變左順右逆纏內旋，兩手掌指相對搭於彼雙腕，面向南，眼視前方（圖3-6）。

圖3-6　　　　　　　　　圖3-7

【動作二】繼而我重心後移，身法隨之下蹲，氣往下降，在移重心、下蹲、氣降的同時，我雙手速按彼雙腕，使彼橫勁受到豎勁的急速阻止後，彼雙手自動脫落身體前傾欲倒。面向南，眼視前方（圖3-7）。

【要點】

（1）向後倒步時，要視對方虛實而定，若彼上右步攻我，我則退左步出手相迎，若彼上左步攻我，我則退右步出手相接，這樣才能順利拉開距離。

（2）雙手下按時，要達到意、氣、形三結合。下按時勁達雙腕，背略後張，身法略前傾，但不失頂勁，在身體前後形成對拉時，小腹自然內收，

胸自然蓄含，只有收腹、含胸才能配合好氣降、勁整。

（3）彼推我腹時，我需合力相迎，雙手輕輕搭住對方雙手，視彼速度快慢而定己速度的變化（圖3-8）。

（4）雙手下按時勁達掌根，力點清晰，要求達到下按、身蹲、氣降同時到達（圖3-9）。

　　　左腳迅速向後退，腳尖著地漸踏平。
　　　雙掌下按力點清，曲中求直頂勁領。

圖3-8

圖3-9

第四式　上步雙震掌

【動作一】雙按掌將終，重心完全移至左腿，繼而提起右腳懸於襠內。面向南，眼視前方（圖3-10）。

【動作二】身體略下蹲，胸繼續略內含，在下蹲、含胸的同時，右腳向右前方邁出，發雙震掌。面向南，眼視前方（圖3-11）。

【要點】

（1）雙震掌勁別有長短之分，初演練時先長後短，循序漸進。欲發推掌時，無論先上哪條腿，頓步、促步兩種步法皆可運用（圖3-12）。

圖3-10　　　　　　　　圖3-11

圖3-12

（2）在腳欲落地時，胸腰要有個小的折疊勁，在勁起於腳、行於腿、主宰於腰的前提下，勁才能順利有力地達到雙掌，無堅不摧（圖3-13）。

圖3-13

欲開先合順拳理，胸腰折疊向前推。
頓步促步皆可用，虛實變幻須留心。
反覆實踐多體悟，百練方能摧人動。

第五式　右捌勁

【**動作一**】雙震掌之後，若彼抓住我雙臂，我速含胸屈臂向上提，解脫對方。面向西南，眼視右側（圖 3-14）。

【**動作二**】然後重心漸左移，繼而提起右腳向右側前方邁出。在右腳邁出的同時，兩手右前左後伸，右手穿掌變掌心朝上，左臂後帶屈於身體左側，掌心向外。此時將對方合力化解，使之成被動局面。面向西南，眼視右側前（圖 3-15）。

【**動作三**】繼而鬆左胯，身體左轉，在向左轉體的一瞬間，右臂向左，將彼撑得更加被動（圖 3-16）。

圖 3-14　　　　　　圖 3-15　　　　　　圖 3-16

【動作四】繼而速鬆右胯，給左胯，兩手右前左後一齊向右下方發勁。面向西南，眼視右側前（圖 3-17）。

【要點】

（1）右手向前伸有兩種用法：第一種是前面說過的穿掌，第二種是拇指與四指岔開，按在對方左臂中節為斷勁。無論穿掌斷勁還是重心右移都要同時到位，漸移重心漸開胸。向右發捌勁時，要做到扭腰鬆右襠，勁力方能完整達於梢節。切記低身法發捌勁時，莫要彎腰弓背。

（2）發捌勁時，兩臂要隨身體旋轉走外弧，才能將彼摔翻在地；反之，將彼引近己身，易破壞自己重心，切記我守我疆莫要出界。

（3）彼雙手抓住我兩臂中間，我速氣往下降，屈臂上提，以中節破彼梢節，定能化險為夷（圖 3-18）。

（4）解脫之後，左臂後帶，右臂前伸，將彼勁化解（圖 3-19）。

（5）化解對方勁之後，右臂緊貼彼左肩，以梢節外勁將彼身體撐向左側傾斜，使彼欲有失重之感（圖 3-20）。

圖3-18

圖3-17

圖3-19

圖3-20

圖 3-21

（6）繼而重心左移，身體右轉，在轉體的同時將彼向身體右側出，但要注意發勁時，身法要走外弧線；否則易將彼引向己身，反遭禍殃（圖3-21）。

重心左右相互移，左收右放有伸屈。
我守我疆莫失界，轉身合下力千斤。
高捌雙手與腰齊，低發過膝奇更奇。
不怕力大能超己，後發制人再加膝。

第六式　左回勁

【動作一】右捌勁之後，繼而重心左移，在移重心的同時，提起右腳劃弧前上，以腳跟著地落於右前方。在右腳前上時，右手由內向外劃弧前伸，落於右腿上方，掌心向前，有接彼手之意。左手下落於左腿外側，面向南，眼視前方（圖3-22）。

【動作二】繼而右腳外擺，重心右移，在移重

圖3-22　　　　　　圖3-23　　　　　　圖3-24

心的過程中，提起左腳向東南方邁出，在左腳前上的同時，雙手變成右捋勢，面向東南，眼視左側（圖3-23）。

【動作三】繼而鬆左胯，給右胯，身體左轉，重心左移，在移重心轉體的同時，雙手一齊向左側發回勁，面向東南，眼視左側（圖3-24）。

【要點】

（1）右腳劃弧前上時，起腳要輕靈快速，右手隨之由內向外劃弧，接手也要輕靈，提腳起手要同時到位（圖3-25）。

（2）左腳前上，雙手右捋時，身體略下蹲，胸內含，腰微塌，肋微束，氣往下沉，左手豎掌勁達掌外沿，同時左肘輕微向前上掤，以防彼突然擠進

圖3-25　　　　　　　　　　圖3-26

（圖3-26）。

　　（3）發回勁時，鬆左胯、給右胯，與雙手發返折勁要同時到位。在演練過程中，逐漸達到立身中正，不偏不倚，完整一氣（圖3-27）。

圖3-27

一陣東來一陣西，兩腳轉換快如飛。

左腳踏往東南去，彼擠我身須留神。

忽然鬆胯向左轉，發擊猶如弓離弦。

第七式　回頭後穿肘

【動作】回勁發畢，鬆右胯，身體右轉，重心右移，在轉體移重心的同時，右臂向右上方發穿肘，面向西北，眼視右上方（圖3-28）。

【要點】身向右轉發肘時，略鬆左胯，重心略左移，繼而右移發肘勁。穿肘時要求勁力完整，專注一方（圖3-29）。

圖3-28　　　　　　　圖3-29

鬆胯轉身向後看，乍起右肘擊兒男。

欲開先合蓄如弓，內勁運轉催形動。

周身一動皆不閑，發擊速快如閃電。

第八式　上挑肘

【動作一】繼而重心左移，同時提起右腳點於左腳內側，在右腳前上的同時，兩手變左上右下引，面向西南，眼視右側（圖3-30）。

【動作二】繼而重心左移，在移重心的同時，右腳提起向右側前跨步，同時雙掌變拳，右臂內屈變拳頂向內，左臂下落變拳心向內，面向西南，眼視右側（圖3-31）。

圖3-30　　　　　　圖3-31

【動作三】在右腳落地的一瞬間，重心右移的同時發上挑肘，面向西南，眼視右肘上方（圖3-32）。

【要點】

（1）右腳蹬地前上時，雙手在兩側左上右下隨之翻轉，周身蓄而待發。上步發肘時兩肋左蓄右張，上下形成對拉之勢，上挑肘才不易拔根，力達肘尖方能清晰。

（2）若彼出右拳擊我，我則出左手將彼掤起，在出左手的同時，上右腳出右肘擊中彼胸（圖3-33）。

（3）繼而鬆右胯，給左胯，重心右移，在移重心的同時向彼發上挑肘，勁力宜速不宜慢，以腰為

圖3-32

圖3-33

圖3-34

界，上下對拉，勁力專注一方（圖3-34）。

腰如車軸氣如輪，左右轉動移重心。
忽然右腳踏地起，周身蓄合近彼身。
向右一看肘挑起，胸腹中丹皆可擊。

第九式　下採肘

【動作一】上挑肘之後，繼而是右肘逆纏劃720°立圓後，右肘先向後開，同時左手略外伸，面向西南，眼視右側（圖3-35）。

【動作二】繼而右腳前上25公分左右，在右腳落地的一瞬間，右肘向前下，左手內收，在右側

圖 3-35

圖 3-36

前與右肘合拍（圖 3-36）。

【要點】

（1）右肘劃720°立圓有解脫之意，與發下採肘是一氣呵成的，中間無須停留。下採前一定做到欲合先開，要求速快勁整，不能遲滯。

圖 3-37

（2）彼出左拳擊我，我出左手接住彼左手，繼而逆纏內旋，同時，右臂落於彼左大臂將欲下採（圖 3-37）。

（3）繼而我左手略上提，身體下蹲，在下蹲的同時，右臂向下採（圖3-38）。

彼抓我肘立圓抖，周身上下一齊動。

勁由內發形於肘，彼看我笑早鬆手。

要問此因何所在，內氣騰然腰脊求。

第十式　穿心肘

【動作一】下採肘之後，繼而提起左腳向左側跨半步，同時收右腳變虛步點地，落於左腳內側，在右腳落地的同時，左掌隨右小臂逆纏劃弧向左引，周身蓄合成引進勢，面向西南，眼視右側（圖3-39）。

圖3-38　　　　　　　　圖3-39

【動作二】繼而右腳向右側開步，在右腳落地的一瞬間，左腳跟步發頓步，在發頓步的同時，左手輔助右臂向右側發穿心肘，面向西南，眼視右側（圖3-40）。

【要點】

（1）穿心肘向外開擊時，力點要清晰，勁宜短、宜疾、不宜長，要求做到勁起於腳跟，行於腿，主宰於腰，達於肘尖。

（2）發穿心肘時，要求步法過人，速度快，勁力完整（圖3-41）。

兩腳更迭皆向左，發步輕靈勁要合。

一引一帶如閃電，上下四旁皆不閑。

忽然右腳向西行，頓腳發勁力無窮。

圖3-40　　　　　　　　圖3-41

圖3-42   圖3-43

第十一式　雙開肘

【動作一】穿心肘之後，提起左腳向左側跨半步，繼而收回右腳點於左腳內側，面向西南，眼視右側（圖3-42）。

【動作二】右腳向右側跨半步，繼而左腳隨之發頓步，在發頓步的同時，雙肘向左右兩側開擊，眼視右側（圖3-43）。

【要點】

（1）若單勢演練，開腿不論左右，跨步即可。

（2）欲發肘時要做好插襠引進，周身蓄合，眼側視對方（圖3-44）。

（3）略鬆右胯，給左胯，重心右移，身體略右

圖3-44

圖3-45

轉，在移重心轉體的同時發雙開肘，眼視右側（圖3-45）。

忽向西來忽向東，一引一帶蓄如弓。
身法中正神貫頂，猶如靈貓撲鼠形。
上式單肘專擊右，此式雙開兩側攻。

第十二式　背折靠

【動作一】身體先右轉，然後再左轉，在左移重心的同時，右腳提起向右側開步，同時右手在體

圖3-46　　　　　　　　　圖3-47

前逆纏下插，落於右腿上方，周身蓄合，成欲發擊之勢。面向西，眼視右側（圖3-46）。

【動作二】繼而鬆右胯，給左胯，重心右移，在移重心的過程中，左臂輔助右臂一齊向右側後發背折靠，面向西，眼視右側（圖3-47）。

【要點】

（1）彼捋我右臂時，我速上右步，重心右移，成蓄而待發之勢（圖3-48）。

（2）在以腰脊為軸心的引進情況下，向後反擊之為背折靠。發背折靠時，勁起於腳跟，行於腿，主宰於腰，內外合一，一齊向外靠之。靠勁發得長短，身法高低應因人而宜，近則用大臂，遠則用小臂外側。總之，演練時，意在拳先（圖3-49）。

圖3-48　　　　　　　　　　圖3-49

重心左移身左轉，周身上下皆不閑。
襠開貴圓合住勁，身體下俯引進來。
忽然轉身重心移，轉身一靠人身離。

第十三式　閃戰勁

【動作一】背
靠之後，身體略左
轉，重心略左移，
在左移重心的同
時，右手略順纏上
起，掌心向前，面
向西南，眼視右手
（圖3-50）。

圖3-50

【動作二】重心右移，繼而左移，在左右更換重心的一瞬間，身體隨著上下起伏劃360°立圓，抖出為宜，面向西南，眼視右側（圖3-51）。

【要點】

（1）劃360°立圓抖發時，左手由胸右側中端起，隨氣逆纏沿右邊下行至丹田下端，然後再沿左側邊沿逆行上起回歸到右側原位。同時右手隨左手劃圓時，在右側劃360°立圓，此勁在演練中先慢後快，逐漸在實踐中細心磨鍊，方能有所得。

（2）如有人抓住我右臂，我以周身先順後逆纏抖發定能解脫（圖3-52）。

（3）解脫後回歸原位，周身勁仍聚合，欲連下

圖3-51　　　　　　　　　　　圖3-52

招（圖3-53）。

> 彈抖圈有大中小，只看運用妙不妙。
> 周身內外皆纏絲，勁起腳跟行百骸。
> 一動纏絲皆是圓，腰脊帶動是關鍵。

第十四式　下砸拳

【動作一】閃戰勁之後，重心速左移，身體左轉，在左轉移重心的同時，提起右腳懸於襠內，右手隨之變拳內收蓄於腹前，左手變拳向左側伸，面向西南，眼視右側（圖3-54）。

圖3-53　　　　　　　　　　圖3-54

【動作二】繼而右腳向右側跨出，落地震腳有聲，在落腳的一瞬間，右拳經左胸前走上弧線向右側下方發下砸拳。面向西，眼視右側前（圖3-55）。

【要點】提右腳、起右拳經胸前劃弧皆是一瞬間完成的，無須停留。右腳外擺震腳與右拳下砸要同時到位，否則勁力散亂不齊（圖3-56）。

左轉蓄合右腳提，兩手劃弧不停息。
右腳提到所需處，出腳神速莫遲疑。
身法下蹲氣下沉，震腳發擊達拳背。

圖3-55

圖3-56

第十五式　迎門靠

【**動作一**】下砸拳之後，繼而重心左移，身體左轉，在重心左移轉體的同時，右腳提起向前方上步，雙拳變掌心朝上向體前伸，面向正南，眼視前方（圖3-57）。

【**動作二**】繼而雙掌變半握拳左順右逆纏內收，待收到所需位置時，重心左移，兩手變拳向身體兩側分，同時提起右腳向前再上一小步，面向南，眼視前方（圖3-58）。

【**動作三**】右腳落地的一瞬間，重心右移，雙手繼續向身體兩側後伸，在右移重心、雙手後伸的同時，右肩前突向體前發迎門靠。面向南，眼視右側前（圖3-59）。

圖3-57　　　　　　圖3-58　　　　　　圖3-59

【要點】

（1）向左轉體右腳前上時，左腳五趾略抓地。兩掌前伸是左逆右順纏，雙拳向身後帶時變左順右逆纏。右腳前上落地時也可以震腳，但必須與雙手後帶、突肩、發迎門靠同時到位，方能保持發力完整一氣。

（2）下砸拳之後，若有人從正面向我推來，我速左轉身，上右步接住彼雙手腕（圖3-60）。

（3）繼而身體下蹲，重心略後移，在移重心的同時，兩手將彼兩臂向兩側分開，周身之勁蓄而待發（圖3-61）。

圖3-60

圖3-61

（4）繼而提起右腳前上，在右腳前上的一瞬間，突然右肩向前發擊（圖3-62）。

重心左移身左轉，兩手前伸切莫探。
左順右逆兩側開，雙手內帶引進來。
上步插襠急速快，迎門一靠向前栽。

第十六式　濺　靠

【動作一】迎門靠將終，繼而重心左移，在移重心的同時，收回右腳點於右側前，右手半握拳變掌由後順纏上起落於右側前方，掌心向內，左手半握拳變掌落於左側，掌心向內，面向南，眼視右手（圖3-63）。

圖3-62　　　　　　　　圖3-63

【動作二】繼而右腳向右後撒步，同時右手隨之先逆後順纏向下，然後逆纏上起貼於右後背處，同時左手上起貼於右肩處，面向西南，眼斜視右後（圖3-64）。

【動作三】繼而重心右移，在向右移重心的同時，右肘向後上發濺靠，面向西北，眼視右肘上方（圖3-65）。

【要點】

（1）右腳收回點地是一瞬間的停留，繼而向後撒步，在向後撒步的同時，右手由上向下，再向上貼於右後背。身體下蹲時，要求斜中寓正，發濺靠時，周身要求速快勁整，內含彈抖，勁達肘尖。

（2）若有人將我右臂擰向身後，我速右腳向身

圖3-64　　　　　　　圖3-65

後插步，周身蓄合成欲發勢（圖3-66）。

（3）繼而鬆右胯，給左胯，重心右移，身體右轉，在轉體移重心的同時向後上方發濺靠（圖3-67）。

右手上起身左轉，上下對拉肋舒展。
身法下蹲氣下沉，右手逆纏肘上穿。
此式身法斜寓正，靈機一動箭離弦。

第十七式　掛　肘

【**動作一**】濺靠之後，繼而重心左移，同時左手經胸前起劃立圓豎掌於胸前，掌心向右。繼而身

圖3-66

圖3-67

體左轉，左掌變拳下落於左側前，在左手下落的同時，右腳向前上半步（約30公分），右手變拳屈臂前伸於右胸前，拳心向內，面向南，眼視右拳（圖3-68）。

【動作二】繼而鬆右胯，身體右轉，重心左移，在向左移重心的一瞬間，右肘下沉內帶，同時左手握拳向左前推，使兩臂形成左前右後反差運行，面向南，眼視前方（圖3-69）。

【要點】

（1）重心左移的同時，左手前上是一瞬間完成的，上右腳、出右肘與左手前上是相繼到位的。然後右肘下採內帶與左手順纏前推，兩臂形成反向運行，有反關節之妙用，望演練者細心體察。

圖3-68 圖3-69

（2）若彼出右拳擊我，我出左手相迎，接手後順纏向右上提，同時出右手屈臂搭於彼大臂（圖3-70）。

（3）繼而鬆右胯，給左胯，身體右轉，在身體右轉的同時，左手上提右肘下，左右形成反差運行將彼趴於地（圖3-71）。

左手接彼向前伸，忽變順纏向上提。
右肘隨之搭彼臂，左胯一鬆轉右行。
形氣俱到向下採，先採後掛向內帶。

圖3-70

圖3-71

第十八式　立　肘

【動作一】重心左移，同時提起右腳懸於襠內，繼而下落，在右腳下落的一瞬間，提起左腳向左側上步。兩腳前後更換步法的同時，右手由前走上弧，然後向下屈肘落於右肋處，同時左手走下弧向前伸，變豎掌於左側前，面向南，眼視前方（圖3-72）。

【動作二】繼而鬆左胯，給右胯，重心左移，在移重心的同時，向體前發立肘，面向東南，眼視前方（圖3-73）。

【要點】

（1）兩手前後劃弧與兩腳跳起前後更換位置是同時到位的。

圖3-72　　　　　　　　圖3-73

（2）整個動作完成必須急速迅猛，肘向前發，是在一開一合之間完成的，中間無須停留（圖3-74）。

雙手兩側劃弧轉，步法交換不怠慢。
周身蓄合穩下盤，右肘暗藏蓄肋間。
身體忽然向左轉，屈腕發肘直向前。

第十九式　雙風貫耳

【動作一】重心左移，在移重心的同時，右腳提起懸於襠內，同時雙臂左順纏右逆纏向兩側伸展，面向南，眼視前方（圖3-75）。

圖3-74　　　　　　　　圖3-75

【動作二】繼而左腿屈膝下蹲，在左腿下蹲的同時，右腳向右前方邁出，兩手變雙釘子拳，面向南，眼視前方（圖3-76）。

【動作三】繼而鬆右胯，給左胯，重心右移，在移重心的同時，雙拳平行向體前合擊，面向南，眼視前方（圖3-77）。

【要點】

（1）右腳提起懸於襠內，繼而向前邁出是一瞬間完成的，左腳五趾抓地，周身蓄合，有靈貓撲鼠之勢。

（2）雙掌變釘子拳向前發擊時，意欲擊彼太陽穴。

（3）若彼下蹲扳我腿，我速身體下蹲，氣往下

圖3-76

圖3-77

沉，同時兩手略外開（圖3-78）。

　　（4）我重心繼續前移，在移重心的同時，雙手變釘子拳貫於彼太陽穴（圖3-79）。

　　　一腿獨立一腳懸，雙臂外開視正前。

　　　左腿下蹲合住勁，右步前上腳尖起。

　　　疾速重心向右移，中線合擊釘子拳。

圖3-78

圖3-79

圖3-80　　　　　　　　　　圖3-81

第二十式　左背靠

【動作一】重心右移，身體左轉，同時提起左腳向左後東北角撤步，在撤左腳的同時，兩臂由外向內在體前交叉，面向東，眼視左側（圖3-80）。

【動作二】繼而鬆左胯，給右胯，重心左移，在移重心的過程中，兩臂左上右下向兩側發勁，面向東北，眼視左側（圖3-81）。

【要點】

（1）撤左步、雙手在體前交叉是一瞬間的動作，無須停留。雙臂向兩側發勁時，左主右副，在移重心的過程中抖發背靠，但一定要注意勁起於腳跟、行於腿、主宰於腰，方能達到完整一氣。

圖 3-82 圖 3-83

（2）欲發背靠時，步法要過人，周身勁蓄合，蓄而待發，這也是欲發前的動作過程（圖 3-82）。

（3）繼而重心左移，身體左轉，在移重心轉體的同時，兩臂左主右副向兩側抖出（圖 3-83）。

第二十一式 攔腰肘

【動作一】左背靠之後，鬆右胯，身體略右轉，同時左手略下沉，右掌變半握拳蓄於右肋處，面向東，眼視前方（圖 3-84）。

【動作二】繼而鬆左胯，給右胯，身體左轉，重心左移，在轉體移重心的一瞬間，左手向內合，右肘向前擊，左手與右小臂外側在身體中線合拍，面向東，眼視前方（圖 3-85）。

圖3-84   圖3-85

【要點】

（1）待動作熟練後，攔腰肘是在一合一開中來完成的。

（2）發攔腰肘時，扭腰、旋背、催襠，發到所需位置時，肘有略上挑之意。只有這樣，久練熟能生巧，彼受到肘撞擊時，方能達到兩腳拔根離地而起。

（3）欲發肘前，左腳前上，左掌搭於彼右肋處，右手握拳輕貼於右肋處，蓄而待發（圖3-86）。

（4）繼而鬆左胯，給右胯，身體左轉，重心左移，在移重心轉體的同時向彼胸前發攔腰肘（圖3-87）。

圖3-86　　　　　　　　圖3-87

蓄合皆是微移動，動後下連則是攻。

意神在先形緊隨，左胯先鬆右胯攦。

左掌攔腰將彼帶，右臂合下力千斤。

第二十二式　閃戰雙推掌

【動作一】重心左移，身體略左轉，在轉體移重心的同時，雙掌左前右後一齊向左側按，雙掌心向前，面向東，眼視前方（圖3-88）。

【動作二】繼而重心右移，身體略右轉，在移重心轉體的同時，雙掌變拳內帶落於胸前，面向東，眼視前方（圖3-89）。

【動作三】繼而雙拳在胸前抖動、劃360°立

圖3-88　　　　　　　　圖3-89

圖3-90

圓後，鬆左胯，給右胯，重心左移，身體左轉，在移重心轉體的同時，雙拳變掌向體前發雙推掌，面向東，眼視前方（圖3-90）。

【要點】

（1）雙手前按、繼而內帶時，有抓住彼衣服內帶之意。但必須胸內扣，穩固好重心。

圖3-91

圖3-92

（2）雙手在體前劃立圓抖動時，對彼有驚閃拔根之意（圖3-91）。

（3）出手向前發推掌時，宜速、宜疾，以掌根著物發擊為佳（圖3-92）。

重心左移手前伸，其招必定藏玄機。

雙手疾速向回收，重心右移胸內扣。

周身劃圓齊抖動，勢如破竹向前衝。

我守我疆莫出界，推到七分須停留。

第二十三式　前栽靠

【動作一】推掌之後重心右移，身體右轉，在移重心轉體的同時，雙手隨著轉體向右下捋，面向東南，眼視前方（圖3-93）。

【動作二】繼而重心左移，左腳隨之外擺，雙手左前右後由右側後劃弧上起，待左手劃到身體上方欲落時，右腳提起向前上步震腳下落，在下落的同時，左手搭於右小臂外側，雙手由左上變左下，先肘後肩向前發栽靠。面向東北，眼視右前（圖3-94）。

【要點】

（1）重心由左向右再向左，雙手由左向右再向左下捋，都是一瞬間的動作，無須停留。

圖3-93　　　　　　　　圖3-94

（2）發前栽靠時，右肘外側先下採，要求靈活運用，彼離己遠時，可用肘尖向前下採擊。距離近時用肩擊之，總之以得機得勢、完整一氣、力點清晰為準則。

（3）右下将是前栽靠之前的一個轉換過程，将對方時需身法中正（圖3-95）。

（4）發前栽靠需用肩的外側，內含撞擊力（圖3-96）。

圖3-95

圖3-96

推罷雙掌莫等閒，轉身下将緊相連。

雙手劃弧身左轉，右腳飛快邁上前。

落腳呼氣精神貫，身法下俯前栽肩。

第二十四式　側肩靠

【動作一】重心左移，身體右轉，同時雙手右前左後向右上将，在右将的同時，右腳隨之提起點於右側前，面向東，眼視前方（圖3-97）。

【動作二】繼而雙手繼續向右将，同時右腳提起前上，在右腳落地的一瞬間，左腳蹬地，重心右移，在移重心的同時，右肩突然向前發側肩靠，面向東，眼視前方（圖3-98）。

圖3-97

圖3-98

【要點】

（1）雙手向右側捋與右腳點地，再次右腳前上，突肩發靠勁，皆是一瞬間連貫完成的，中間無須停留。

（2）前栽靠是用肩的外側，側肩靠用的是肩的前側。

（3）側肩靠是建立在驚閃基礎上來完成的，望演練者在實踐中詳加體察。

（4）撤右腳點地、雙手向右側帶是同時完成的，內含驚閃之意（圖3-99）。

（5）驚閃與發側肩靠速度要快，整個發擊過程要求在1秒內完成，否則易出現頂勁（圖3-100）。

圖3-99

圖3-100

身體忽然向上仰，收腳右抒齊相當。

身軀上下有屈張，錦囊妙計胸中藏。

一驚一閃將彼帶，一靠擊出離地揚。

第二十五式　黑虎掏心

【動作一】身體向左轉，重心先左移，後右移，在轉體移重心的過程中，雙手略上提，然後左開右收，左手上起變掌心向前，右掌變拳蓄於右肋處。面向西北，眼視左側前（圖3-101）。

【動作二】鬆左胯，給右胯，重心左移，身體左轉，在移重心轉體的同時，左手上，右拳向前發直衝拳。面向西，眼視左側前（圖3-102）。

圖3-101　　　　　　圖3-101（正面）

【要點】

（1）身體左轉，左腳外擺，重心左移，繼而右移，左手上，右掌變拳蓄於右肋處，都是連貫動作。

（2）右拳欲向前發時，周身寓開先合，出拳時有點擊之意。

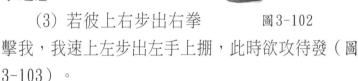

圖3-102

（3）若彼上右步出右拳擊我，我速上左步出左手上掤，此時欲攻待發（圖3-103）。

（4）上步前掤是一瞬間的動作，接手出拳同時到位。要求速快勁整，力點清晰（圖3-104）。

圖3-103　　　　　　　圖3-103（正面）

圖3-104　　　　　　　　圖3-104（正面）

一陣西來一陣東，虛實轉換全在功。

意起神往形隨動，氣如九曲貫注身。

三九三伏苦研練，莫忘意神在拳先。

第二十六式　右手下砸拳

【動作一】黑虎掏心將終，重心略右移，身體略右轉，繼而左轉，在重心左移轉體的同時，提起右腳懸於襠內，右拳下落於右側前，左手下落到小腹前，面向西，眼視體前（圖3-105）。

【動作二】繼而鬆左胯，屈膝下蹲，在左膝下蹲的同時，左手內旋，右小臂下，協同右腳下落震腳，完成此動作。面向西南，眼視右側前（圖

3-106）。

【要點】

（1）重心左移時，雙手左前右後同時上起，左手有接手之意，右手隨之，待身法轉到面向西南時，左手順纏內旋，右臂下採與右腳下震要求做到完整一氣。

圖3-105

（2）若彼出左拳，我則用左手接住逆纏內旋。同時右臂屈肘變欲發勢（圖3-107）。

（3）繼而重心略右移，身體略左轉，在移重心轉體的同時，氣往下降，右小臂發下砸拳（圖

圖3-106

圖3-107

圖3-108　　　　　　　　　　圖3-109

3-108）。

　　疾速快打招相連，有肘有靠有下採。

　　此勢轉身須速快，不丟不頂轉半圓。

　　轉到所需位置時，周身合力臂下採。

第二十七式　旱地拔蔥

　　【動作一】身體左轉，重心左移，在轉體移重心的同時，右腳提起向右前上步，同時右拳變掌前伸劃弧，掌心向外，面向東，眼視右前（圖3-109）。

　　【動作二】繼而重心右移，身體右轉，待右手向右側外旋時，重心繼而左移，身體左轉，在左右

| 圖 3-110 | 圖 3-111 | 圖 3-112 |

移重心轉體的同時，右手順纏劃平圓成合勁（圖3-110）。

【動作三】繼而鬆右胯，給左胯，身體右轉，同時左手協助右手向右劃弧抖出，面向西南，眼視右側前（圖3-111）。

【要點】

（1）旱地拔蔥，是散手中常用的一種方法，右手在體前旋轉平圓抹出時，有攬腰之意，雙手向右側抖出時，有將彼向右後拋出之意。具體應用在實踐中還需慢慢摸索，或找名師指點。

（2）右腳插襠，同時右臂攔住彼腰，氣往下沉，意欲將彼掀起（圖3-112）。

（3）繼而右腳蹬地，重心左移，在移重心的同

圖3-113　　　　　　　　　　圖3-114

時，左手前上輔助右手一齊向右側上方抖出（圖
3-113）。

重心左移右腳伸，屈膝下蹲步要穩。
扣襠束肋氣下降，右手平抹旋腰襠。
先擠後引搖彼動，上提拋擲巧在功。

第二十八式　前胸靠

【動作一】旱地拔蔥之後，卸掉雙背勁，重心
左移，在移重心的同時，提起右腳，先回收，腳後
跟點地，繼而兩手同時經胸前向兩側劃弧前伸。變
掌，雙掌心朝上，面向南，眼視前方（圖3-114）。

圖3-115　　　　　　　　圖3-116

【動作二】繼而鬆左胯，給右胯，重心先左移，後右移，在移重心的同時，雙手內帶，突然胸向前發胸靠，面向南，眼視前方（圖3-115）。

【要點】

（1）右腳收回點地，是一瞬間的動作。重心左右移動時，依據距對方遠近，右腳向前上步大小可靈活掌握，但要求速度快，幅度小，整個動作都是在瞬間完成的。

（2）發胸靠時，勁宜短不宜長，由於胸部開合幅度有限，發短勁要勁力完整，勁長易散亂不齊。

（3）右腳前上插於彼襠內，同時兩手置於彼兩肋處，蓄而待發（圖3-116）。

（4）繼而鬆右胯，給左胯，重心右移，在移重

圖3-117　　　　　　　圖3-118

心的同時，向彼發胸靠（圖3-117）。

右腳前上雙臂伸，周身合勁肘下沉。

襠走下弧向右移，雙臂繼續向前伸。

忽然雙手將彼帶，突胸發擊如閃電。

第二十九式　雙合拿

【動作一】重心左移，右腳提起劃弧外擺約
25°前上落地，在右腳外擺的同時，雙手左下右上
開，面向西南，眼視右手（圖3-118）。

【動作二】繼而重心右移，在移重心的同時，
左腳提起向前上步，左腳落地後，重心漸漸左移，

圖3-119　　　　圖3-120　　　　圖3-120（正面）

在移重心的過程中，左手上起在左側劃外弧內收落於胸前，同時右手上起在右側劃外弧內收落於右前方。兩手左下右上在胸前成上下垂直，面向西，眼視前方（圖3-119）。

【動作三】繼而身體下蹲，氣向下沉，雙手隨著下蹲呼氣，一齊向下變雙合拿，面向西，眼視前方（圖3-120）。

【要點】

（1）右腳前上外擺的一瞬間，左腳前上。無論右腳劃弧前上或左腳前上，步法上都須輕靈敏捷。

（2）雙合拿時，可根據對方的承受力而定，單拿或雙手拿，在練習時要機動靈活，以不傷對方為準則。

圖3-121

（3）用雙合拿先將對方一大臂置於己大臂內側，然後左手反搭於右手背上一齊向下拿之。總之運用拿法須與周身合力相配合，否則徒勞無益。

（4）上右腳，起右手上掤，左右反之，皆需要手腳同步，手起身蓄有欲進之勢（圖3-121）。

（5）繼而上右腳起左手置於彼大臂下端。同時右手順纏內收，變成欲拿勢（圖3-122）。

圖3-122

圖3-122（正面）

圖3-123

　(6)拿彼時身體下蹲，氣往下降，周身皆成合勁（圖3-123）。

　　　身如活樁左右擺，手腳同起上下連。
　　　左腳前上重心移，兩手胸前臂撐圓。
　　　忽然呼氣身下蹲，雙手合拿勁須齊。

第三十式　轉身掩手拳

　【動作一】繼而重心左移，在移重心的同時，右腳提起懸於襠內，左拳變掌向前上劃弧，豎掌落於左側前，掌心向右。右拳向前上劃弧後落於右肋處，面向西，眼視前方（圖3-124）。

　【動作二】繼而右腳落地震腳，在右腳落地的

圖3-124 圖3-124（正面）

一瞬間，左腳提起向左前約45°隅角上步，周身蓄合，右臂也隨之略下沉，面向西，眼視前方（圖3-125）。

【動作三】繼而鬆左胯，給右胯，重心左移，身體左轉，在移重心轉體的一瞬間，右臂向前抖肩發勁，左手隨之後帶落於左肋處。面向西，眼視右拳（圖3-126）。

【要點】

（1）左腳獨立，右腳懸於襠內，皆是連續完成的動作，無須停留。發拳時需勁起於腳跟、行於腿、主宰於腰、達於梢節。

（2）繼而上左步，周身蓄合，在鬆左胯、給右胯的同時出右拳擊彼胸（圖3-127）。

圖3-125　　　　　　圖3-125（正面）

圖3-126

圖3-127

雙合拿後身上起，一腿獨立一腳提。

左前右後前後揚，震腳含蓄如弓張。

扭腰旋背抖發拳，四肢百骸皆不閑。

第三十一式　左右背折靠

【**動作一**】繼而重心左移，在左移重心的同時，右腳提起懸於襠內，雙手向左側前變欲将勢，雙掌心向前，面向西北，眼視前方（圖3-128）。

【**動作二**】繼而右腳撤回落於欲起的左腳前方約15公分，在右腳落地的一瞬間，身體右轉，左腳提起向左側前隅角上步，在左腳落地的一瞬間，重心右移，同時雙掌變拳隨重心右移變引進勢，面

圖3-128

圖3-128（正面）

圖3-129　　　　　　　　圖3-129（正面）

向西北，眼視左側前（圖3-129）。

【動作三】繼而鬆左胯，給右胯，重心左移，在左移重心的同時，身體左轉，兩臂隨之左前右後一齊向左側發左背靠，面向西北，眼視左側（圖3-130）。

圖3-130　　　　　　　　圖3-130（正面）

【動作四】左背靠之後，重心右移，同時提起左腳懸於襠內，雙手隨之下落於右側。繼而右腳踏地跳起，在右腳跳起時兩腳在空中變換為右前左後下落，同時雙手隨之左先右後起，在雙腳落地身體左轉的同時，雙手成引進勢，面向西，眼視右側（圖3-131）。

【動作五】繼而鬆右胯、給左胯，重心右移，在右移重心的同時，兩臂右先左後一齊向右側發右背靠，面向西北，眼視右側（圖3-132）。

【要點】

（1）無論是右腳提起落地，還是左腳提起落地皆是一瞬間的過程，無須停留，背折靠是向左、右兩側發擊，都是欲開先合，全神貫注，更迭自然。

| 圖3-131 | 圖3-132 |

（2）若彼推我左側，我速身體右轉成引進勢，在引進的同時，左腳插於彼右腿後（圖3-133）。

圖3-133

（3）繼而鬆左胯、給右胯，身體左轉，在襠催和扭腰旋背的前提下，向左側發左背靠（圖3-134）。

（4）右邊引進勢同要點（2），只是左右之別。右背靠與左背靠要點相同（圖3-135）。

圖3-134　　　　　圖3-135

左右更迭相連貫，變換求快不求慢。

身法忽高又忽低，一合一開須襠催。

左側擊過右相連，折靠皆是一瞬間。

第三十二式　倒　插

【動作一】繼而身體略左轉，重心左移，在左轉移重心的同時，提起右腳點於右側前，在右腳內收的同時，雙拳下落變拳心朝上，面向西，眼視前方（圖3-136）。

【動作二】右腳提起的瞬間，兩拳變掌由下向上劃外弧，待劃到身體中線時，左手指輕貼右大臂中端、掌心向下，右掌變拳，協同震右腳一起，向體前斜下發栽拳。面向西，眼視前側（圖3-137）。

圖3-136　　　　　　　　　　圖3-137

【要點】

（1）倒插整個過程是在一開一合中完成的，震腳與下擊一定要默契配合，震腳有聲，發拳帶風。

（2）倒插有兩種含義：一是有下踩彼腳面之意；二是向彼胸腹處發下栽拳（圖3-138）。

圖3-138

收腳雙臂向外掤，勁達雙腕兩側行。

忽然身起劃上弧，兩肋舒展肩放鬆。

震腳栽拳齊又整，周身隨震氣下行。

第三十三式　左撩右斬

【動作】繼而重心左移，身體先左轉、後右轉，在向右轉的同時左掌變拳，隨身體左右旋轉，右拳由左側向右上劃弧，繼而落於右側外發下砸拳，同時左手由下向左上劃弧抖發。面向東，眼視前方（圖3-139）。

【要點】本式動作，先左轉、後右旋轉的過程

圖3-139　　　　　　　圖3-140

是連貫完成的，左拳是上撩拳，右拳背是下砸拳
（圖3-140）。

> 欲右先左臂劃弧，上下氣機不停留。
>
> 提腳劃弧同步起，扭腰旋背藏天機。
>
> 猛然一招抖出去，撩砸力點須清晰。

第三十四式　擊三拳

【動作一】繼而右腳疾速落地，在右腳落地的
同時，提起左腳隅角前上45°，同時右拳蓄於右肋
處，左拳變掌豎於左側前，成掩手肱拳欲發勢，面
向西，眼視前方（圖3-141）。

【動作二】繼而鬆左胯、給右胯，身體左轉，

圖3-141　　　　　　　圖3-141（正面）

圖3-142　　　　　　　圖3-143

重心左移，在轉體移重心的同時，右拳向前抖出，面向西，眼視前方（圖3-142）。

【動作三】繼而鬆右胯、給左胯，重心略右移，身體向右轉，在移重心轉體的同時，左拳向前方發擊，面向西，眼視前方（圖3-143）。

【動作四】繼而鬆左胯、給右胯，重心左移，身體左轉，在移重心轉體的同時，右拳向前發擊，面向西，眼視前方（圖3-144）。

【要點】

（1）擊三拳欲發之前，兩臂在兩側先開後合，在擊三拳的過程中，無論是左右左移重心，還是身體左右左旋轉，都要求速快、勁整、順達有力，力點清晰。

（2）發右拳時鬆左胯給右胯、扭腰旋背、右拳前衝是同時完成的，幾股勁輔助右拳，實屬一股勁，切不可一分為二，否則，散亂無主（圖3-145）。

（3）發右拳換發左拳是瞬間的轉換過程。左拳

圖3-144　　　　　　　　圖3-145

前擊時重心略後移，以防彼突然向前牽動己重心。其他要點同本式要點（2）（圖3-146）。

圖3-146

【注解】

（1）「幾股勁」是襠勁、腰勁、旋背、抖發四勁合一。

（2）心氣一動，十分氣則由丹田而出，六分上升兩肩胛骨各三分，四分下降於兩胯骨，各二分漸而下降於兩腳跟，運用時專注一方。

右腳下震湧泉空，自然反彈屈膝弓。

兩腳交換忙不停，身手變幻步輕靈。

右側發過直衝拳，再發左拳向前衝。

第三十五式　轉身搬攔拳

【動作一】身體右轉，重心右移，在右移重心的同時，左腳尖蹺起內旋90°，繼而重心左移漸而踏平，在左腳踏平的過程中，右腳提起劃弧外擺90°，落於右側前，腳尖蹺起，在轉體雙腳內旋外

擺的同時，右拳變掌隨身體向上劃弧落於右側前，掌心向前，左掌下落於左胯側，掌心向下，面向東，眼視右手（圖3-147）。

【動作二】身體繼續右轉，重心右移，右腳隨移重心漸向外擺，在轉體移重心的同時，左腳提起隨轉體前上，隨著轉體右掌變拳落於右側外，拳心向上，左掌變拳屈臂於胸前，拳心向下，周身蓄合，面向東南，眼視左側（圖3-148）。

【動作三】繼而身體左轉，鬆左胯，給右胯，重心左移，在移重心轉體的同時，雙臂一齊向左側抖出，雙拳心變左上右下，面向東北，眼視左側（圖3-149）。

圖3-147　　　圖3-148　　　圖3-149

【要點】

（1）身體右轉，左腳內旋，重心左移，右腳外擺，右手由左向右起，皆是在一瞬間完成的。在旋轉過程中，要做到承上啟下，周身相隨，協調一致。

（2）向左發搬攔拳時，接手、上步要同時到位，要求步法過人，蓄而待發（圖3-150）。

（3）發擊時速度要快，勁力要整，在一合一開的一瞬間完成抖發（圖3-151）。

圖3-150

圖3-151

東邊打過西來敵，轉身接手莫遲疑。

雙腳轉換飛速快，遲緩則會被人欺。

右手接彼向下按，左臂屈肘達胸前。

襠催背旋向左抖，搬攔一拳人飛走。

招勢雖是如此用，迭法全在實踐中。

千遍萬遍多多演，得來猶如小神仙。

第三十六式　翻身下砸拳

【動作一】身體右轉，重心右移，在轉體移重心的同時，左腳隨之向內旋45°，雙拳左下右上落於身體兩側，面向西南，眼視右拳（圖3-152）。

【動作二】身體繼續右轉，在向右旋轉中，重心完全移至左腿，同時提起右腳旋於襠內，雙拳隨著轉體向上劃弧，變左上右下合於胸前，雙拳心朝下，面向北，眼視前方（圖3-153）。

【動作三】繼而右腳下落震腳，在右腳下落的一瞬間，提左腳懸於襠內，周身蓄合，面向西北，眼視左側（圖3-154）。

【動作四】右腿屈膝下蹲，同時左腳向左側邁出，在左腳落地的一瞬間，鬆左胯，給右胯，重心左移，在移重心的同時，兩臂向兩側發下砸拳，面向西北，眼視左側（圖3-155）。

圖3-152　　　　圖3-153　　　圖3-153（正面）

圖3-154　　圖3-154（正面）　　　圖3-155

【要點】

（1）右腳隨身體右轉、雙拳劃弧在體前交叉，都是在轉體一瞬間完成的，中間無須停留。

（2）左、右腳交換懸於襠內，周身皆是欲開先合之勢。兩臂向兩側發下砸拳時，則是欲下先上，勁達兩拳背。但切莫僵直用力，要做到意在拳先，用力則滯，用意則活，望演練者詳細體察。

（3）若彼上左腳，出左拳擊我，我速以右臂向下砸，直至彼左小臂，定能化險為夷（圖3-156）。

轉體劃弧上下連，陰陽轉換相互兼。
一腿獨立一腳懸，含胸雙臂合胸前。
兩臂隨勢發出去，猶如重炮把花開。

圖3-156

第三十七式　順水推舟

【動作一】繼而重心左移，身體右轉，同時，右腳內收變虛腳點地，同時雙拳變掌順纏內收合於體前，面向東北，眼視右側（圖3-157）。

【動作二】繼而提起右腳向右側發頓步，在右腳落地的同時，左手協助右手順纏一齊向右側發推掌，面向東北，眼視右側前方（圖3-158）。

【要點】

（1）下砸拳過後，收回右腳，重心略左移，雙臂隨之落於體前成合勁。繼而右腳上步與雙手向前發擊，周身協調一致，要求速快勁整。

圖3-157　　　圖3-157（正面）

圖3-158

圖3-159

圖3-160

（2）若彼抓住我右手向外擰，我速順勁似鬆未鬆隨之，身體下蹲周身蓄合（圖3-159）。

（3）繼而鬆右胯、給左胯，重心右移，在移重心的同時，右手順纏向前穿掌，左手托住彼腰一齊向右側前發擊（圖3-160）。

　　　彼抓我手向外擰，周身蓄合扣如弓。
　　　側身就勢雖云敗，似鬆未鬆欲待攻。
　　　突然順勢托腰推，猶如小舟浪尖飛。

圖3-161　　　　　　圖3-161（正面）

第三十八式　閃驚捯

【動作一】順水推舟之後，鬆左胯重心左移，身體略左轉，在移重心轉體的同時，側身轉中正，同時雙手內收，右手變豎掌於右側前，左手置於左側前，面向北，眼視前方（圖3-161）。

【動作二】繼而鬆左胯重心略左移，在移重心的同時，右肘向右前上略挑，同時左手略下落，面向北，眼視右前（圖3-162）。

【動作三】繼而雙手右先左後在體前抖發360°立圓後，隨右腳向體後擺擊一齊向前下捯。面向東北，眼視右前（圖3-163）。

圖3-162　　　　　　　　圖3-162（正面）

圖3-163　　　　　　　　圖3-163（正面）

【要點】

（1）順水推舟之後，雙手內收置於體前是一瞬間的動作，整個動作連貫演練時，雙手收到所需位置後，右肘直接向前上挑，繼而向下捋，應一氣呵成。

（2）雙手抖立圓時有驚提對方之意，驚提後，外擺腳與下将應同時到位，不可一側不舞，否則散亂，無實用價值。

（3）右肘向上挑時，左手拿彼腕內旋，身體上下形成對拉，發肘力點方能清晰（圖3-164）。

（4）下将時右腳向右側後擺，先破壞彼重心，繼而下将，實質上後擺與下将是同時完成的（圖3-165）。

推舟之後重心移，右肘上挑將彼提。
誰知挑罷又抖圓，驚得魂飛魄上天。
右腳一擺大将下，勝負只看誰佔先。

圖3-164

圖3-165

第三十九式　張飛送客

【動作一】身體右轉，重心右移，繼而身體左轉，在左轉的同時，右手劃外弧落於右腿外側，左手經胸前向左上掤起落於左腿上方，在左手上掤的同時，左腳尖蹺起外擺45°，面向西北，眼視前方（圖3-166）。

【動作二】繼而重心左移，身體繼續左轉，待轉到面向西南角時，提起右腳前上，在轉體上右步的同時，右手隨之向前落於右腿前上方，左掌落於左側外，掌心向左，面向西南，眼視右側（圖3-167）。

【動作三】繼而重心右移，身體右轉，在移重心轉體的同時，雙手右上左下一齊向右側抖出，面

圖3-166　　　　　　　　圖3-167

圖3-168　　　　　　圖3-168（正面）

向西北，眼視右側（圖3-168）。

【要點】

（1）此次重心右移，不同於一般移重心的方法，要扭腰、旋背、轉襠，類似陳式太極拳老架一路野馬分鬃動作，演練時詳加體察。

（2）上右步時身法要注意開中寓合，要做到起步敏捷，落地輕靈。同時左手抓住彼右手腕順纏向左帶，右臂插於彼腋下（圖3-169）。

圖3-169

（3）雙手向右帶時，要做到勁起於腳跟、行於腿、主宰於腰，雙手一定要在扭腰、旋背的瞬間將彼拋於身後（圖3-170）。

　　開中有合合中開，開合起落皆是圈。

　　修煉太極數十載，不知太極大無邊。

　　散手動作雖簡便，不經貫打也枉然。

第四十式　窩底炮

【動作一】身體左轉，重心左移，在轉體移重心的同時，收回右腳點於左腳前側，同時左掌前伸，掌心向右，右手變拳蓄於胸前，面向西，眼視右側前（圖3-171）。

圖3-170　　　　　　　　圖3-171

【動作二】繼而提起右腳促步前上,在右腳落地的一瞬間,右拳向右側發下栽拳,左肘隨之後帶。面向西,眼視右拳(圖3-172)。

【要點】

(1)張飛送客之後速轉身成合勁,同時收回右腳點於右側前,左手前撩彼腹,右手握拳蓄於胸前,身體下蹲,蓄而待發(圖3-173)。

(2)繼而重心右移,在移重心的同時,向右側前斜下發拳於彼腹。發拳時,只有擰襠、轉腰、旋背動作協調,才能使發拳具有威力。要求鬆活、彈、抖直達拳頂。身法大小要視彼遠近而定,彼遠可促步發拳,要靈活應用,不可千篇一律(圖3-174)。

圖3-172　　　　　　　　圖3-173

圖3-174　　　　　　　　　　圖3-175

促步落地有輕重，頓步輕落皆可行。

疾促前進勿思念，有意用力空癡足。

看上易來也不易，易不易來在自己。

第四十一式　斬　手

【動作一】重心左移，身體左轉，繼而右轉，在向右轉體的同時，右腳提起劃弧外擺約45°，同時右手隨著轉體劃弧外落於右側前方，掌心向前，左手隨之下落於左腿外側，掌心朝下，面向西，眼視右側（圖3-175）。

【動作二】繼而重心右移，身體右轉，在移重心轉體的同時，左腳前上點於右腳內側，兩手隨之

圖3-176　　　圖3-176（正面）　　　　　圖3-177

變左上右下劃弧交叉落於左側前，面向西北，眼視左側（圖3-176）。

【動作三】繼而身體向右疾速旋轉，在右轉的同時兩臂左下右上開，反向運行解脫，面向西北，眼視左側（圖3-177）。

【要點】

（1）右腳外擺落地時腳後跟著地，腳尖蹺起，左腿下蹲，穩固好重心。

（2）在轉體左腳前上腳尖點地時，右腿屈膝下蹲，腳五趾輕輕抓地，周身蓄合。

（3）彼抓我右手腕，我速上左腳點地，同時左手搭於彼右手腕上，周身蓄合成欲解勢（圖3-178）。

圖3-178　　　　　　　　　圖3-179

（4）左掌外側下切，右手上提，兩手上下形成反向運行，速度要快，勁力要整，才能解脫得乾淨俐落（圖3-179）。

右腳外擺手腳齊，一腿獨立穩重心。
順手二目向前看，有人偷襲抓右腕。
忽然上步左腳點，兩手反向解脫完。

第四十二式　雙開掌

【動作】繼而身體右轉，在轉身的同時，兩腳掌著地，兩腳後跟向左發頓步，兩手隨著轉體，左下右上兩側開，面向西北，眼視右側（圖3-180）。

圖3-180　　　　　　　　圖3-181

【要點】

（1）雙腳掌著地，腳後跟左外右內頓步與呼氣相配合，其目的是為了增強爆發力。頓步雙腳向左擺，雙掌隨之上下開。

（2）雙掌外開時，鬆肩、起肘、開手，勁達掌外沿，直擊彼上節（圖3-181）。

　　此式看來很簡單，可是做起實在難。

　　周身不調上下散，反覆研練須數年。

第四十三式　金鉤掛玉

【動作一】重心左移，身體右轉，在移重心轉

體的過程中，右腳隨著向右轉體劃後弧外擺，待轉體到90°時，重心移於右腿，雙手平捋隨身體旋轉，面向西南，眼視體前（圖3-182）。

【動作二】身體略右轉，繼而左轉，重心完全移於左腿，在轉體移重心的同時，右腳隨即前上虛腳點於左側前，右腳前上的同時，雙手向右後擺，掌心左下右上。面向西南，眼視右側（圖3-183）。

【動作三】繼而右腳劃外弧後擺，在右腳後擺的同時，雙手左前右後一齊向前下發蓋勁，左腿隨之屈膝，身體下俯。面向南，眼視前方（圖3-184）。

【要點】

（1）身體右轉時，左腳跟外擺，待身體轉到

圖3-182　　　圖3-183　　　圖3-184

90°時，左腳尖內旋。

（2）重心移於左腿，提起右腳前上時，雙手由
捋變放鬆下落，左手落右肋處，右手下落到右側
後，兩手左高右低，周身蓄合。

（3）上右腳落於彼右腳後，雙手捋彼右臂都是
在不知不覺輕靈運轉中完成的（圖3-185）。

（4）右腳後擺，雙手向前發蓋勁，身體下俯，
三者同時到位，要求速快、勁整、擺俯俐落（圖
3-186）。

> 步法轉換輕靈快，雙手隨轉捋半圓。
> 重心左移右腳點，身體下蹲氣沉丹。
> 扭腰旋背右腳擺，身體下俯手前蓋。

圖3-185　　　　　　圖3-186

第四十四式　劈胸掌

【動作一】繼而重心左移，在移重心的同時，右腳提起前上懸於襠內，雙手隨之上提，左臂前伸落於左側前，掌心向右，右掌落於右肋處，掌心向前。面向南，眼視前方（圖3-187）。

【動作二】繼而右腳下落震腳的一瞬間，左腳提起前上，周身蓄合。面向南，眼視前方（圖3-188）。

【動作三】繼而鬆左胯、給右胯，重心左移，在移重心的同時，左手向內帶，右掌向前擊，兩掌心在體前合拍。面向南，眼視前方（圖3-189）。

圖3-187　　　　圖3-188　　　　圖3-189

【要點】

（1）金鉤掛玉動作下俯幅度比較大，所以在變劈掌時，身體上起須用腰臂上領，方能起身俐落。

（2）右腳提起空懸是一瞬間的過渡動作，右腳下震，左腳前上，雙手發擊，皆是連貫動作。

（3）彼出右拳擊我，我則以左臂插於彼腋下略上掤，右掌蓄於右肋處，成欲發勢（圖3-190）。

（4）繼而重心左移，左手向內帶，右掌向前發擊（圖3-191）。

頂勁上領俯身起，右腳空懸精神振。

右腳下震抖虎威，虛實分明須認真。

左手內合將彼帶，致命一掌擊要害。

圖3-190

圖3-191

第四十五式　當門炮

【動作一】繼而重心右移，身體右轉，在移重心轉體的同時，雙掌變拳向右下引。面向南，眼視前方（圖3-192）。

【動作二】繼而鬆左胯、給右胯，重心左移，身體左轉，在移重心轉體的同時，雙拳向體前發擊，兩拳左前右後。面向南，眼視前方（圖3-193）。

【要點】

（1）右引時頂勁領起，周身蓄合，有欲開之勢，目視前方。雙拳向前發當門炮時與呼氣相配合。

圖3-192

圖3-193

　（2）欲發當門炮時，左腳前上插於彼身後，左臂緊靠彼身，周身蓄合，欲待擊發（圖3-194）。

　（3）鬆左胯、給右胯，重心左移，身體左轉，在移重心轉體的同時，向彼發當門炮（圖3-195）。

　　　右移重心向下引，周身蓄合莫遲疑。
　　　氣沉丹田腿下蹲，含胸背張提精神。
　　　兩拳前衝當頭炮，疆界有限要守規。

圖3-194

圖3-195

第四十六式　雙扣肘

【動作一】繼而重心右移，身體隨移重心向回收，同時兩拳落於兩肋處，雙拳心向上。面向南，眼視前方（圖3-196）。

【動作二】繼而鬆左胯、給右胯，重心左移；在移重心的同時，雙肘內扣，以雙肘尖向體前發擊。面向南，眼視前方（圖3-197）。

【要點】當門炮發過之後，雙拳內收與肘尖前擊速度要快，雙肘前擊時，兩拳背在體前相合，此時含胸、背張才能使兩肘順利前擊（圖3-198）。

當門發過重心移，左逆右順速收回。
兩拳收回胸內含，蓄而待發神視前。
忽然重心向左移，雙腕內扣肘擊前。

圖3-196　　　　圖3-197　　　　圖3-198

第四十七式　退步後擊肘

【**動作一**】繼而重心右移，在右移重心的同時，收回左腳點於左側，同時雙肘內收下沉，雙拳隨之上提變拳心向內，面向南，眼視前方（圖3-199）。

【**動作二**】繼而左腳後撤頓步，在頓步的同時，雙肘尖向身後發擊，面向南，眼視前方（圖3-200）。

【**要點**】左腳向後撤步點地和雙臂屈肘拳上提後擊，都是瞬間完成的，發擊時胸內含、背後張，力點才能清晰有力（圖3-201）。

圖3-199　　　　圖3-200　　　　圖3-201

左腳拖步向後退，重心沿路向左移。

肘收身蹲氣下降，意起神聚欲開張。

頓步發肘同時到，只聽身後一聲吆。

第四十八式　收　勢

【動作】左腳提起前上，右腳隨之前跟，成立正姿勢。在右腳前上落地的同時，兩手隨之先由兩側劃弧，做抱拳禮（圖3-202）。

左腳前上右腳跟，立正姿勢有精神。

五湖四海抱拳禮，感謝大家多鼓勵。

獎牌得來真不易，多謝父母一片心。

圖3-202

作者履歷

1944年9月5日出生於陝西省西安市。

1945年隨父返回原居地河南省溫縣陳家溝。

1951年在陳家溝學校上學，後就學於徐溝完小。

1958年陳式太極拳第18代傳人陳照丕還鄉，隨其學習陳式太極拳老架套路及器械。

1960年在青海哇玉香卡農業機械技術學校學習。

1961年到青海湖畔江西溝工作。

1963年返回河南省溫縣陳家溝。

1963年投師陳式太極拳第18代傳人陳照丕，學習陳式太極拳老架套路及器械。

1967年任陳家溝大隊民兵營長。

1970年任陳家溝業餘體校校長。

1970年至1983年任陳家溝大隊黨支部副書記。

1972年8月，河南省在登封縣舉辦太極拳表演賽，任新鄉地區領隊（陳照丕老師任教練），會後向中共河南省委領導彙報表演。

1972年12月30日陳照丕老師病逝。這時陳式太極拳正處於青黃不接時期，特派陳茂森赴北京請陳照奎老師返鄉，傳授陳式太極拳新架套路。

1973年任溫縣領隊兼教練，參加河南省在開封市舉行的第2屆武術運動大會。

1974年獲河南省新鄉地區太極拳選拔賽第1名。

1974年任河南省武術協會會員。

1975年再次榮獲河南省新鄉地區太極拳選拔賽第1名。

1976年任溫縣隊領隊兼教練，參加新鄉地區太極拳比賽。

1981年參加河南省在平頂山市舉行的太極拳比賽，榮獲銀獎。

1982年參加河南省太極拳推手賽，任溫縣隊教練兼隊員，以棄權獲第2名。

1982年參加河南省在平頂山市舉辦的太極拳比賽，榮獲金牌。

1982年參加在北京工人體育場舉行的全國太極拳推手比賽，榮獲冠軍。

1983年1月調到河南省體委武術處工作。

1983年7月27日受全日本太極拳協會的邀請，以陳家溝太極拳武術學校校長名義與陳正雷一起赴日本訪問。

1984年溫縣武術協會成立，任副秘書長。

1984年溫縣舉辦太極拳推手比賽，任總裁判長。

1984年河南省在溫縣舉辦太極拳推手比賽，任裁判長兼溫縣隊教練。

1984年任河南省武術館教練。

1985年任焦作市陳式太極拳協會顧問。

1985年溫縣舉辦太極拳推手大賽，任總裁判長。

1985年河南省舉辦太極拳武術比賽，任溫縣隊教練。

1985年全國太極拳比賽在山西省太原市舉行，任河南省隊教練。

1985年河南省太極拳選拔賽在鄭州市舉行，獲第1名。

1985年河南省職工武術選拔賽在開封市舉行，獲第1名。

1985年全國首屆太極拳名家邀請賽在黑龍江省哈爾濱市舉行，獲第1名。

1986年溫縣舉辦太極拳選拔賽，任總裁判長。

1986年河南省舉辦武術比賽，任溫縣隊教練。

1986年全國太極拳推手比賽在山東省濰坊市舉行，任河南省隊教練。

　　1986年10月1日應日本七堂利幸的邀請赴日本東京、大阪等地講學、授拳。在此期間，應日本國際文化交流協會會長和大阪市市長的邀請，參加了該協會舉辦的國際學術交流大會，並且表演了陳式太極拳老架一路、二路，新架一路、二路及單劍等，受到了各國代表的好評。大阪市市長贈送城市金鑰匙，並被接納為大阪市名譽市民。

　　1987年溫縣舉辦太極拳推手大賽，任總裁判長。

　　1987年被河南省體委授予一級裁判員稱號。

　　1987年河南省旅遊學會成立，任第1屆常務理事會理事。

　　1987年溫縣成立中國陳式太極拳推廣中心，任總教練。

　　1987年10月全國武術比賽在湖北省孝感市舉行，任裁判。

　　1988年在河南省第1屆青少年運動會期間從河南省體委借調到焦作武術館任教，在河南省第1屆青少年運動會上，焦作市武術隊取得了各項太極拳比賽的優異成績，被中共焦作市委、焦作市人民政府記二等功一次。

　　1988年任少林國際武術邀請賽副總裁判長。

　　1988年任江西省南昌市陳式太極拳學會顧問。

　　1988年7月1日晉升武術中級職稱，發證單位為河南省體委武術館。

　　1989年由天津開明文教音像出版社出版發行《中國神功——陳式太極拳王西安大系》(1)　　　　。

　　1989年3月2日應若瓦斯先生的邀請與陳淑英首次訪問法國。在訪問期間，接受了巴黎市第一、第二、第三電視臺，《歐洲時報》、《空手道雜誌社》、《解放報》等多家新聞單位專題採訪。同年3月15日夜，在巴黎十三區受到法國前總統、時任巴黎市市長希拉克的接見，並合影留念。

　　1989年被中共溫縣縣委、溫縣人民政府授予先進科技工作者稱號。

　　1990年8月受日本瀨戶口篤邀請與陳素愛一起赴日本，為

第11屆亞洲運動會開幕式中日太極拳表演培訓日本隊員。

1991年被河南師範大學聘為名譽教授。

1991年河南省太極拳、劍比賽在開封市舉行，任副總裁判長。

1991年任焦作市武術協會副主席。

1991年11月6日至12月10日應瑞士和法國（王衛國先生）的邀請，赴瑞士、法國進行講學和訪問。

1992年4月21日受國家武術院特邀，赴濟南參加全國推手規則研討會。

1992年5月18日河南省太極拳、劍、推手賽在平頂山市舉行，任焦作市隊領隊兼教練。

1992年從河南省體委調到溫縣體委。

1992年9月任河南省溫縣太極武術館副館長兼總教練。

1993年編著的《陳式太極拳老架》一書由河南科學技術出版社出版。

1993年任溫縣太極拳開發委員會副主任。

1993年3月晉升為國家武術高級教練，發證單位為河南省人民政府。

1993年5月任河北省永年國際楊式太極拳聯誼會副理事長。

1993年5月30日任湖南省邵陽市陳式太極拳協會顧問。

1993年6月22日被中共溫縣縣委、溫縣人民政府授予「專業技術拔尖人才」榮譽稱號。

1993年10月受國家武術院特邀，赴杭州參加全國推手規則研討會。

1993年12月1日應邀任河北省永年國際太極拳學院總教練。

1993年12月13日任南京市陳式太極拳研究會高級顧問。

1994年從溫縣體委調到溫縣旅遊局工作。

1994年被河南大學特邀為體育系太極拳培訓中心副主任兼

總教練。

　　1994年赴荷蘭講學。

　　1994年應簡柳軍先生之邀赴法國巴黎講學，並成立了溫縣武術館巴黎分館，任總教練。

　　1994年6月在全國武術之鄉比賽中，中共溫縣縣委、溫縣人民政府給予記功表彰一次。

　　1994年9月6日受馬來西亞少林國術健身社的邀請，任該社總教練。

　　1994年12月14日赴法國巴黎講學。

　　1995年應日本TBS電視臺與福昌堂出版社之約，在日本出版發行了名為《中國神功功夫最好》的錄影帶，《陳式太極拳老架一路、二路及單勢演練與技擊用法》的一、二集。

　　1995年11月應日本東京都野口敦子女士的邀請，赴東京、神戶、廣島、橫濱等地講學。

　　1996年5月應法國駱麗微女士的邀請，赴法國、荷蘭、西班牙等國講學。

　　1996年8月1日任山東省濟寧市發電廠武術隊高級顧問。

　　1996年8月6日任山東省兗州市體育協會高級顧問。

　　1996年8月28日任韓國城市太極氣功協會常務顧問。

　　1997年任江蘇省泗洪縣國際太極拳年會泗洪分會名譽會長。

　　1997年被聘為上海國際武術節特邀嘉賓。

　　1997年3月被納入《國家名人典》。

　　1998年2月任浙江省溫州市國術館顧問。

　　1998年6月任美國休士頓太極拳武術館顧問。

　　1998年7月編著的《陳式太極拳推手技法》一書由河南科學技術出版社出版。

　　1998年8月任28集電視連續劇《太極宗師》武術顧問。

　　1998年11月任福建省漳州市太極拳協會顧問。

　　1999年自籌資金，興建一所占地約2萬平方米的陳家溝武術院（於1999年6月破土動工，2001年1月1日舉行開學典禮）。

　　1999年2月《陳式太極拳老架》（法文版，簡柳軍譯）在法國出版，發行1萬冊。

　　1999年6月被納入《中國民間武術家名典》。

　　1999年7月應法國巴德納市體育部、艾變協會蘇吾‧阿蘭先生的邀請赴法國講學。

　　1999年7月編著的《陳式太極拳老架技擊秘訣》一書由河南科學技術出版社出版。

　　1999年8月被納入《中國專家人才庫》。

　　1999年8月被納入《中國百業領導英才大典》。

　　1999年9月被納入《世界優秀人才大典》。

　　1999年9月被納入《中國跨世紀人才大全》。

　　2000年2月被納入《國際名人錄》。

　　2000年3月被納入《二十一世紀人才庫》。

　　2000年4月組建了美國加利福尼亞州陳家溝武術院美國分院。

　　2000年4月美國加利福尼亞州金太陽女士成立了王西安太極拳研究會。

　　2000年5月被納入《中國專家學者辭典》。

　　2000年5月17日應美國加利福尼亞州李書東先生的邀請，到舊金山、休士頓等地講學。同時作為太極瑰寶國際武術錦標賽、美國勤武武術聯合會的特邀代表，前往表演。廣大太極拳愛好者給予高度讚揚。《世界日報》、《神州日報》等媒體紛紛報導，被《美南新聞》譽為「國際太極拳王」。

　　2000年6月29日，應法國巴德納市體育部、艾變協會蘇吾‧阿蘭先生的邀請赴法國講學。

　　2000年6月被法國巴德納市市長米琪‧爾維先生授予「巴德納市永久榮譽市民」稱號。

2000年7月成立了陳家溝武術院巴德納分院（分院院長為凱西亞・阿列克斯）。

2000年7月被納入《跨世紀人才》。

2000年8月被納入《中國當代創業英才》。

2000年8月20～26日作為特邀嘉賓任「中國・焦作國際太極拳年會」仲裁。

2000年8月任中國民間武術家聯誼會副會長。

2000年9月被納入《中華人物大典》。

2000年9月被納入《中國專家大辭典》。

2000年9月被納入《中國世紀專家》。

2000年9月被納入《華夏英傑》。

2000年10月被納入《輝煌成就，世紀曙光》。

2000年11月被納入《中國專家人名辭典》。

2000年11月被納入《中國人才世紀獻辭》。

2001年任陳家溝武術院院長。

2001年參加「隆威」中國珠海國際太極拳交流大會，為特邀嘉賓兼技術顧問。

2001年8月應法國艾變協會蘇吾・阿蘭先生的邀請，和閻素杰女士一起到法國巴德納及西班牙幫布羅那講學。在法國講學時，學生為來自歐洲各國的太極拳教練；在西班牙講學時學員達500人。

2002年任香港太極氣功社第2屆名譽會長。

2002年8月被聘為第2屆中國溫縣國際太極拳年會特邀嘉賓。

2002年8月應法國艾變協會蘇吾・阿蘭先生的邀請到法國巴德納講學。

2003年在河南音像出版社出版太極拳教學VCD7套。

2003年王西安國際太極拳協會希臘分會成立。

2003年4月被聘為洛陽師範學院客座教練。

2003年4月赴溫州、杭州講學。

2003年5月王西安拳法研究會香港分會成立，到會的香港各界人士及太極拳愛好者300餘人。

2003年8月應法國艾變協會蘇吾‧阿蘭先生和基先生的邀請赴法國巴德納、米路絲市講學，學生為來自各國的太極拳教練。

2003年9月被江蘇太倉太極拳交流大會聘為特邀嘉賓。

2003年9月赴佛山、桂林、昆明、重慶、石獅、廈門和西安講學交流。

2003年10月赴山東講學。

2004年在法國成立王西安拳法研究會法國分會，菲利浦德拉日任會長。

2004年4月應美國李書東先生的邀請，與閻素杰女士一起赴美國講學。

2004年7月應法國艾變協會蘇吾‧阿蘭先生的邀請赴法國巴德納講學。

2004年8月溫縣王西安拳法研究會成立，閻素杰任第一屆會長。

2004年8月第1屆王西安拳法研究會學習班開班，到會的全國各地教練及學員100餘人。

2005年任香港太極氣功社第3屆名譽會長。

2005年應溝丁那‧阿蘭先生之邀赴法國授拳。

2005年任焦作市太極拳研究會副會長。

2005年溫縣太極拳研究會成立，任副會長。

2005年任溫縣太極拳、劍比賽仲裁。

2005年2月應法國王西安拳法研究會基先生和菲利浦德拉日兩人之邀到米路絲市和蒙都班市講學。

2005年5月11日被香港太極氣功社聘為2005年武術交流會演嘉賓。

　　2005年7月應王西安拳法研究會法國分會、巴德納市體育部、溝丁那・阿蘭先生的邀請，與閻素杰女士一起到毛里翁市講學。

　　2005年9月被聘為中國焦作國際太極拳年會特邀嘉賓。

　　2005年10月王西安拳法研究會溫州麗水分會成立，朱力俊任會長。

　　2005年10月浙江桐鄉市王西安拳法研究會桐鄉分會成立。

　　2005年10月28日溫州成立王西安拳法研究會溫州分會，徐勝任會長。

　　2006年廣州華都王西安拳法分會成立，劉拳儀任會長。

　　2006年1月榮獲中國民間武術家聯誼會優秀副會長稱號。

　　2006年2月受王西安拳法研究會法國分會美野萊蒙女士和基先生的邀請，與閻素杰女士一起赴法國比雅麗市和米路絲市授拳。

　　2006年3月應李書東先生的邀請，與閻素杰女士一起赴美國加利福尼亞州授拳。

　　2006年5月任第2屆東亞武術交流大會顧問，兼王西安拳法研究會教練。

　　2006年5月任河南省太極拳、劍比賽仲裁。

　　2006年5月《陳式太極拳老架》、《陳式太極拳老架技擊秘訣》、《陳式太極拳推手技法》（法文版，溝丁那・阿蘭翻譯）在法國出版。

　　2006年5月被聘為香港中華內家拳總會永久名譽會長。

　　2006年7月應王西安拳法研究會法國分會、巴德納市政府鄭壽杰先生的邀請，與閻素杰女士一起到法國巴德納市講學。

　　2006年8月在河南省溫縣武術館舉辦「王西安太極人生」大型影展。

　　2006年9月和閻素杰女士一起到河南鹿邑縣講學。

　　2006年11月被河南電視臺《武林風》欄目聘為專家評委。

2007年元旦，應林俊生先生邀請赴香港參加「太極推手」名家表演並擔任仲裁。

2007年2月和閻素杰女士一起赴法國、義大利講學。

2007年5月應王西安拳法研究會的邀請，在溫縣舉辦「陳式太極拳老架一路」培訓班。

2007年5月被河南電視臺《武林風》欄目聘為專家評委。

2007年6月被認定為第一批國家級非物質文化遺產陳式太極拳傳承人。

2007年7月應香港太極氣功社邀請，赴香港講學並擔任「回歸杯太極推手比賽」仲裁。

2007年8月10日在陳家溝培訓王西安拳法研究會法國分會、義大利分會、希臘分會會員及俄羅斯、奧地利、美國學生。

2007年8月應邀參加「中國‧焦作國際太極拳交流大賽」名家表演。

2007年9月接受國務院新聞辦的採訪。

2007年10月3日，應邀參加「中國太極拳發源地、中國太極拳文化研究基地」授牌儀式暨陳家溝全國太極拳邀請賽開幕式名家表演。

2007年11月1日受韓國「掤捋擠按學校」邀請偕弟子申思及石東東赴韓國參加太極拳文化交流。

2007年11月5日和閻素杰女士一起應邀參加王西安拳法研究會淄博分會掛牌儀式。

2007年11月5日，在入圍中央電視臺武林大會陳式太極拳海選的16強太極高手中，王西安拳法研究會會員占7名，他們分別是：王戰軍、陳三虎、李天金、宋三星、樊帥鑫、王峰、范魁。

2007年11月7日應中央電視臺武術大會訓練營的邀請，以武林大會全國選拔賽訓練營指導專家的身份，偕溫縣體育局武術科科長王東方、王西安拳法研究會會長閻素杰，共同前往馬

鞍山對入圍16強的選手等進行集中訓練、指導。

2007年11月23日在陳家溝培訓日本東京陳式太極拳教練員。

2007年11月接受黑龍江衛視的採訪。

2007年11月24日邀請美國國際文化科學院院士、太極圖文化研究所所長、四川華林自控科技有限公司董事長明賜東先生，到陳家溝武術院進行「太極圖探秘」及「中國始原文化——太極」的講座。

2007年12月25日和閻素杰女士一起應登封市嵩山少林寺第一武術學院的邀請，參加中國·陳家溝太極拳少林培訓基地揭牌典禮儀式，同時被聘為訓練基地的顧問。

2007年12月28日應佛山弟子和粵港澳地區太極武術愛好者的邀請，和閻素杰女士一起到佛山市嶺南明珠體育館講學。

2007年12月被中央電視臺體育頻道聘為武林大會陳式太極拳專家評委。

2008年1月7日拜會佛山精武會館。

2008年2月7日應王西安拳法研究會法國分會、義大利分會、希臘分會的邀請和閻素杰女士一起赴歐洲講學。

2008年3月王西安拳法研究會會員王戰軍、陳三虎、李天金、樊帥鑫囊括中央電視臺武林大會陳式太極拳四個周擂主，王戰軍獲總擂主。

2008年4月26日第18屆全國圖書交易博覽會在鄭州舉行。應河南科學技術出版社力邀，進行簽名售書活動。

2008年5月12日中國四川省發生8級大地震的消息傳遍中國及世界各地，立即通知中國及世界各地的弟子及分會為四川災區組織賑災捐款活動。希臘分會、義大利分會、捷克分會聯合捐賑災款總計5200歐元。

2008年7月應王西安拳法研究會法國分會邀請，和閻素杰會長一起赴法國講學授課。

2008年7月4日應香港太極氣功社的邀請，赴港擔任「2008奧馬杯國際太極推手賽」總裁判長。

2008年8月12日在溫縣舉辦的太極散手單式培訓班開班。

2008年9月5日王西安拳法研究會登封分會成立，弟子李蘊奇擔任會長。

2008年9月21日，應旅遊部門邀請參加「第7屆焦作山水國際旅遊節推介會」。

2008年10月18日，溫州陳式太極養生會所成立，弟子陳上黨擔任會長，與閆素杰會長一起專程前往祝賀。

2008年10月26日應法國王西安拳法研究會的邀請，與閆素杰會長到法國巴德納市講學。

2008年12月25日應中國文化協會和內家小島協會邀請，偕王西安拳法研究會會長閆素杰赴法國留尼汪島進行了為期一周的講學授拳。

2009年1月被評為「二十一世紀中華武學五大泰斗」。

2009年2月7日王西安拳法研究會焦作分會成立，弟子祁和平為會長，與閆素杰會長一起專程前往祝賀。

2009年2月參加了中央電視臺二套《開心辭典》欄目攝製組的拍攝節目。

2009年3月5日赴日本八王子、仙台、廣島、東京等地講學。

2009年4月20日至5月3日在溫縣主講（長子王占海助教）陳式太極拳老架一路、二路，太極拳及散手實用演練法第一路。

2009年6月王西安拳法研究會焦作中站陳榮耀分會成立，陳榮耀擔任會長，與閆素杰會長一起專程前往祝賀。

2009年7月19日帶領眾弟子到神農山祭拜炎帝。

2009年7月1日至7月24日在溫縣暑期集訓營講授陳式太極拳。

2009年8月8日「石獅市陳式太極拳協會理事會就職儀

式」舉行，偕弟子申思專程前往祝賀。

2009年8月21日參加「己丑年太極拳發源地拜祖儀式」。

2009年8月24日參加「焦作市國際太極拳年會『一賽一節』閉幕式」名家表演。

2009年8月24日至8月28日，日本太極道教會一行20餘人在溫縣學習太極拳期間，講授陳式太極拳。

2009年8月27日至9月6日，日本東京陳式太極拳協會一行12人在溫縣學習太極拳期間，講授陳式太極拳。

2009年9月陳式太極拳王西安拳法研究會江蘇無錫分會成立，弟子姜傳喜擔任會長。

2009年9月5～10日國家武術管理中心、人民體育出版社、《中華武術》主辦的中華武術大學堂第四期太極拳名家講堂在北京舉辦，應邀教授陳式太極拳老架一路。

2009年10月初，首期阿里巴巴太極拳培訓班在杭州開班，與會學員100餘人，應邀講授陳式太極拳。

2009年10月18日，溫州陳式太極養生會所成立一周年，專程前往祝賀並進行陳式太極拳指導。

2009年10月18日，茂名市陳式心意混元太極拳學會在會長龍建新的帶領下，一行60餘人來到溫縣拜訪、交流學習，為其講授陳式太極拳。

2009年10月11日天津電視臺在陳家溝拍攝非物質文化遺產之太極拳，與會長閻素杰，長子王占海，次子王戰軍，弟子李天金、張福旺、劉超、牛杰、雒燕、李京京等分別在東大溝、黃河灘、溫縣公園等地進行演練。

2009年10月12日王西安拳法研究會宿州分會成立，王斌為會長。

2009年10月18日天津電視臺在溫縣陳家溝拍攝非物質文化遺產系列節目之《太極拳》。此次拍攝為期兩天，主要拍攝習拳授拳的故事。

2009年10月24日應法國王西安拳法研究會的邀請，與閻素杰會長赴法國授拳講學。

2009年12月10日，中央電視臺七套《鄉村大世界》欄目攝製組來到溫縣陳家溝，在陳家溝太極文化園進行現場節目錄製，擔任壓軸表演。

2009年12月24日與閻素杰會長應法國小島內家協會邀請赴法國海外省留尼汪島授拳講學。

2010年1月4日，受弟子林文輝的邀請，在香港教授陳式太極拳新架二路。

2010年1月20日，與王西安拳法研究會會長閻素杰偕弟子劉武、石浩強、羅志輝應王西安拳法研究會廣州花都分會會長劉拳儀的邀請，前往講學授拳。

2010年2月20日（農曆正月初七），應陝西寶雞太極拳會館館長、弟子余郅鍼之邀，偕焦作弟子許建政、鄭順利一行三人抵達寶雞，在寶雞市太極拳會館進行太極拳講學。

2010年2月26日，在「2010年溫縣武術工作會議」上，因對太極拳的推廣和普及貢獻顯著，被評為先進工作者。

2010年4月1日商業鉅子馬雲，攜手國際名星李連杰造訪王西安，歷時5天。

2010年4月法國王西安拳法研究會一行13人，專程到河南省溫縣向王西安學習陳式太極拳，歷時10天。

2010年4月8日王西安拳法研究會寶雞分會成立，弟子余郅鍼任會長。

2010年4月13日喜收西班牙弟子北拜為徒。

2010年4月15日王西安拳法研究會為玉樹捐款7000多元。

2010年5月1日在溫縣舉辦太極拳老架一路提高班，時間5天，參加學員60餘人。

2010年5月3日喜收18名新弟子。

2010年5月16日參加由「太極拳之鄉」河南省溫縣人民政

府和晉城市文化廣電新聞出版局聯合主辦的「風生水起・際會太行——中國當代太極拳名家晉城演武大會」。

2010年6月4日，中國文化攝製組走訪了陳家溝，對河南省溫縣陳家溝的太極文化進行了拍攝製作，為製作片段的主人公。

2010年6月19日本氣功研修旅遊團專程來溫縣拜訪王西安先生。

2010年7月義大利學員來溫縣拜訪王西安先生。

2010年7月美國學員專程來溫縣拜訪王西安先生。

2010年7月24日偕王西安拳法研究會會長閻素杰及弟子申思赴西班牙幫布羅那講學。

2010年7月王西安拳法研究會日本分會成立，野口敦子任會長。

2010年8月8日日本王西安拳法研究會野口敦子一行15人來溫縣拜訪王西安先生，王西安為他們講授陳式太極拳，歷時7天。

2010年8月10日至8月14日日本太極道教會一行20餘人來溫縣拜訪王西安先生，王西安先生為他們講授陳式太極拳。

2010年8月14日參加「太極拳六大門派——武林大會走進淮安」海選，擔任專家評委。

2010年8月應焦作市陳式太極拳協會會長閆文勝的邀請，與閻素杰會長前往焦作風景區九渡，在舉辦的第三期站長培訓班上講授陳式太極拳。

2010年9月日本尾琪真尤美一行6人來溫縣拜訪王西安先生，王西安先生為他們講授陳式太極拳老架一路。

2010年9月應邀參加「太極拳六大門派——武林大會走進淮安」決賽，擔任專家評委。

2010年9月6日應邀在焦作召開的「中央紀委案件監督管理工作聯繫點座談會」歡迎會上進行太極拳表演。

2010年10月1日偕弟子辛強赴香港參加香港太極氣功社的迎國慶文藝會演，會後講授陳式太極拳新架二路。

2010年10月15日受溫州養生會館陳上黨的邀請到溫州講學。

2010年10月25日受法國王西安拳法研究會邀請，與閻素杰會長到巴德納教授陳式太極拳，學員是來自法國各地的50多名教練。

2010年11月15日溫縣首屆太極拳功夫對抗賽在溫縣武術館開幕，出席開幕式。

2010年12月2日下午河南省委書記、省人大常委會主任盧展工視察陳家溝時，陪同講解，參觀了祖祠，並做了精彩的表演。

2010年12月23日應法國小島內家拳協會邀請，與閻素杰一起到法國海外省留尼汪島講學。

2011年1月26日溫縣王西安拳法研究會發起了一次為玉樹孤兒捐贈過冬衣物的愛心行動，為玉樹災區兒童獻一份愛心。

（截稿於2011年1月）

彩色圖解太極武術

彩色圖解太極武術

歡迎至本公司購買書籍

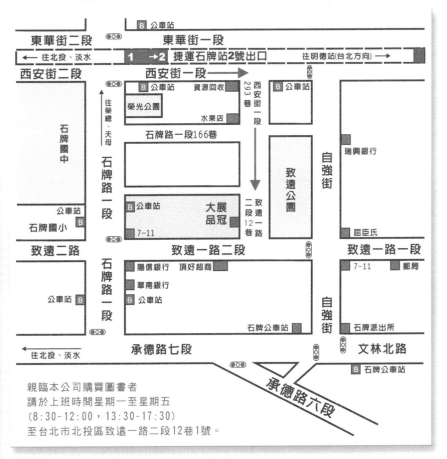

親臨本公司購買圖書者
請於上班時間星期一至星期五
(8:30-12:00，13:30-17:30)
至台北市北投區致遠一路二段12巷1號。

建議路線
1.搭乘捷運
　　淡水信義線石牌站下車，由月台上二號出口出站，二號出口出站後靠右邊，沿著捷運高架往台北方向走(往明德站方向)，其街名為西安街，約80公尺後至西安街一段293巷進入(巷口有一公車站牌，站名為自強街口，勿超過紅綠燈)，再步行約200公尺可達本公司，本公司面對致遠公園。

2.自行開車或騎車
　　由承德路接石牌路，看到陽信銀行右轉，此條即為致遠一路二段，在遇到自強街(紅綠燈)前的巷子左轉，即可看到本公司招牌。

國家圖書館出版品預行編目資料

太極養生增氣功與散手／王西安・閻素杰　著
——初版——臺北市，大展，2019〔民108.12〕
面；21公分——（陳式太極拳；12）
ISBN 978-986-346-277-4　（平裝）
1.太極拳 2.養生
528.972　　　　　　　　　　　　108017158

【版權所有・翻印必究】

太極養生增氣功與散手

著　　者／王　西　安・閻　素　杰

責任編輯／韓　雅　楠

發 行 人／蔡　森　明

出 版 者／大展出版社有限公司

社　　址／台北市北投區（石牌）致遠一路2段12巷1號

電　　話／(02) 28236031・28236033・28233123

傳　　真／(02) 28272069

郵政劃撥／01669551

網　　址／www.dah-jaan.com.tw

E-mail／service@dah-jaan.com.tw

登 記 證／局版臺業字第2171號

承 印 者／傳興印刷有限公司

裝　　訂／眾友企業公司

排 版 者／千兵企業有限公司

授 權 者／河南科學技術出版社

初版1刷／2019年（民108年）12月

定　價／330元

●本書若有破損、缺頁請寄回本社更換●

大展好書　好書大展

品嘗好書　冠群可期

大展好書　好書大展

品嘗好書　冠群可期